Richard van Dülmen

Der ehrlose Mensch

Richard van Dülmen

Der ehrlose Mensch

Unehrlichkeit und soziale Ausgrenzung in der Frühen Neuzeit

1999
BÖHLAU VERLAG KÖLN WEIMAR WIEN

Für Friederike

Die Deutsche Bibliothek – CIP-Einheitsaufnahme

Dülmen, Richard van:
Der ehrlose Mensch : Unehrlichkeit und
soziale Ausgrenzung in der Frühen Neuzeit /
Richard van Dülmen. –
Köln ; Weimar ; Wien : Böhlau, 1999
ISBN 3-412-12498-2

Umschlagabbildung: Peter Breughel d.J.: Der bestrafte Wüstling.
Historisches Museum, Bamberg.
Satz: Peter Kniesche, Tönisvorst
Druck und Bindung: Druckhaus Köthen GmbH, Köthen
Printed in Germany
ISBN 3-412-12498-2

Inhaltsverzeichnis

Angriff auf die Ehre

„Eodem dato ist Margaretha, Ditlers von Luigendorf Eheweib, umb willen sye Marthin Turbans daselbst Prodtgenossene immerzue diebsleuth gehaissen, solches aber uf dieselbe nicht probirn khönnen und vorgeben, wanns geschehen sein solle, es ihr laidt seye, wisse von ihme und den seinigen nichts als liebs und guetts zesagen, neben ex officio ufhebung der ausgestossenen inzicht und injurien, das dem cleger und den seinigen kheinesweegs schädlich sein sollen, mit gegebenen etlichen verweis und bezallung der uncosten punctirt worden per 1 fl. 30 kf." (Neunburg v.W., 1670).[1]

1.

Nichts war Männern und Frauen in der Frühen Neuzeit wichtiger als die Unbescholtenheit ihres Rufs, ihrer persönlichen Ehre. Sie war Voraussetzung für das Auskommen mit den Nachbarn, für den materiellen Erfolg ihrer Arbeit, für eine gute Heiratspolitik, für den Erwerb eines Amtes in der Dorf- oder Stadtgesellschaft. Sie begründete den sozialen Status jedes Einzelnen innerhalb seiner Gruppe wie innerhalb der Kommune. Die Ehre war zwar abhängig von ökonomischer Potenz und sozialer Position, besaß aber einen darüber hinausgehenden eigenständigen Wert, den jeder akzeptieren mußte, der selbst ein angesehenes Leben führen wollte. So sehr jeder Einzelne integriert war in eine Haus- oder Dorfgemeinschaft, Genossenschaft oder Zunft, die ihm Schutz gewährte, war es jedermanns Aufgabe, selbst über seine persönliche Ehre wie die der Gruppe zu wachen und sie zu sichern. Die persönliche Ehre konnte keinem gleichgültig sein.

Trotz aller Bindungen an die Familie, das Haus und den Stand war die Ehre kein angeborenes oder erworbenes Gut, das niemals gefährdet werden konnte, sondern etwas, das sorgsam bewacht und gegen jede Bedrohung geschützt werden mußte. Allzuleicht konnte sie beschädigt werden oder gar direkt oder indirekt verlorengehen, unabhängig davon, welche Position jemand innehatte. „Das Ehrgefühl ist das Fundament einer Moral, in der der Einzelne sich immer unter dem Blick der anderen begreift, wo der Einzelne die anderen braucht, um zu existieren, weil das Bild, das er sich von sich selbst macht, ununterscheidbar ist von dem Bild von sich, das ihm von den anderen zurückgeworfen wird".[2] Weil sich die Ehre jedes Einzelnen nach der Einschätzung der anderen maß, ist sie allgemein als ein Wert außerhalb sozialer Kontexte nicht festmachbar. Jeder wußte, daß es den ‚ehrbaren' Bürger oder die ‚ehrbare' Bürgerin zwar nicht per se gab, doch wie weit der jeweilige Spielraum reichte, wie eng oder locker die Grenzen gezogen wurden, schwankte je nach Person oder Situation. Unehrenhaftes Verhalten konnte gelegentlich verdeckt werden, und umgekehrt eine kleine Abweichung schon ein großes Spektakel verursachen.

Jeder Einzelne reagierte auf Ehrverletzungen überaus empfindlich, ja für unsere heutigen Vorstellungen sogar unbegreiflich heftig, wenn der Name in Verruf geriet oder das Ansehen auch nur bedroht schien.[3] Bedeutete dies doch rasch eine soziale Abgrenzung: Die Nachbarn konnten lebensnotwendige Hilfe verweigern, ein Handwerker seine Ware nicht verkaufen, eine Dienstmagd keine Arbeit finden. Sich diesen Folgen durch einen Ortswechsel zu entziehen, war allerdings nur in begrenztem Maße möglich.

Daß ein Verruf überhaupt diese schädigende Bedeutung erlangen konnte, lag an der Rolle des ‚Geschwätzes' und ‚Geredes' in der ständischen Gesellschaft.[4] Alles wurde und mußte besprochen werden, so daß nichts verborgen blieb. Das Gerede war ein Stück Unterhaltung, garantierte aber zugleich den Zusammenhalt der Gesellschaft. Über das

Gerede erhielt man wichtige Informationen, sowohl über sachliche Vorkommnisse als auch über Personen; es bot jedem die Möglichkeit, sich vor diesem Hintergrund auch selbst einzuschätzen. Keiner vermochte das Gerede außer Acht zu lassen, denn es konnte die eigene Stellung stärken, sie aber auch gefährden. Ein Verhalten, das als ehrbar galt, aber auch Wachsamkeit waren geboten, obwohl die Toleranzgrenze je nach Stand und Person variierte. Man wußte, mit wem man sich ungeschadet anlegen durfte und mit wem nicht. Es war für die Obrigkeit jedenfalls nicht leicht, den sozialen Frieden zu sichern, und gerade die Geschichte der Hexenverfolgung zeigt deutlich, wie verhängnisvoll eine unkontrollierte Verdächtigung werden konnte.

Welche Bedeutung der Kampf um die Ehre in der Frühen Neuzeit hatte, belegt die hohe Anzahl von Iniurienprozessen in den erhaltenen Urteilsbüchern und Gerichtsprotokollen der ländlichen und städtischen Kommunen seit dem späten 16. Jahrhundert, als überall die Obrigkeiten sich anschickten, einerseits richterliche Institutionen zu schaffen, um verstärkt den sozialen Frieden zu sichern, andererseits sie als hoheitliche Handlungen zu fixieren.[5] Die Verleumdung und Beschimpfung einer Person war nicht nur in jeder Nachbarschaft und Gemeinde verboten und auch strafbar, sondern beides wurde auch von der Obrigkeit geahndet. Im „Landrecht der Fürstenthumben Obern und Nidern Bayrn“ von 1616 heißt es: „Wer dem andern mit Scheltworten an sein Ehr und glimpff redet, es betreffen solche Wort (wo sie wahr weren) Leib und Leben oder nit, so er darumb in Recht beklagt würdet, und in antwort bekennet, daß er solches auß hitzigkeit deß zorns gethan habe, nichts arges von ihm wisse, und ihm solches darzu abbette, der sol dem Klager ferner darumb nichts, dann die Gerichtskosten und schaden, nach mässigung deß Richters schuldig, doch dem Richter, nach gestaltsam der Scheltwort, ob die (wo sie war weren) deß gescholtnen Leib und Leben berürten, als wann er ihne einen Mörder, Verräther, Rauber, Dieb, Ketzer, oder dergleichen gescholten, in ein mehrere; Da aber die Scheltwort deß gescholtnen Leib und Leben nit berürten, als wann er ihn einen Schelmen, Bueben, Lotter, Schalck, Spieler, Lieger, Hurensohn oder dergleichen geheissen hett, in ein mindere und geringere straff gefallen sein."[6]

Die große Häufigkeit der Ehrverletzungen in der städtischen und ländlichen Gesellschaft läßt bezweifeln, daß derartige Verbote jedoch tatsächlich wahrgenommen wurden, vielmehr scheint es, als habe die Obrigkeit, die stets schlichten sollte, nur die Ordnungsmacht über die Ehre beansprucht, um selbst Recht zu bekommen.[7]

Es gab viele Schimpfworte, die sich Gegner an den Kopf warfen; alle galten als ehrenrührig. Uns interessiert hier allerdings nur der klassische ‚Ehrenhändel', ein ritualisierter Ehrstreit, in dem Worten stets eine ehrverletzende Bedeutung zukam und den man nur positiv für sich wenden konnte, wenn man seine Ehre öffentlich durch Gegenangriffe wiederherzustellen versuchte oder gar vor Gericht ging.

Es gab keine soziale Gruppe, die nicht heftig um ihre Ehre stritt: Bauern wie Dienstboten, vor allem Handwerker, ehrliche wie unehrliche. Selbst Abdecker und Scharfrichter, die dem Stand der Unehrlichkeit zugehörten, stritten um ihre Ehre, wenn sie attackiert wurden.[8] Denn der kleinste Angriff konnte die Reinheit des Handwerks beflecken, konkret zur Schließung des Ladens führen.[9] Nur von den Patriziern und vom Adel, die eigene Formen der Austragung von Ehrkonflikten und eigene Gerichte besaßen, haben wir wenig Kunde, außer über das Duell, eine hochritualisierte Form des Ehrenhändels.[10] Ganz sicher war der Ehrenhändel weder ein ausschließlich unterschichtisches Phänomen noch ein spezifischer Brauch von jungen Leuten, so sehr junge Leute in diesem Zusammenhang eine besondere Rolle spielten. Der Kampf um die Ehre war nicht nur auf Männer beschränkt. Insoweit Frauen in der Öffentlichkeit auftraten – und dies scheint im Unterschied zum 18. Jahrhundert im 16. Jahrhundert üblich zu sein –, sind ebenso zahlreiche Ehrenhändel zwischen Frauen bzw. zwischen Männern und Frauen überliefert. Nur weiteten sie sich selten zu einer gewaltsamen Rauferei aus, wie es zumeist bei Männern geschah.[11] Allerdings war es für einen Mann im Unterschied zu einer gewaltsamen Auseinandersetzung unter Männern nicht immer ehrenvoll, auf die Herausforderung einer Frau zu antworten. In Wilster (Holstein) bezeugte ein Mann 1642, „er wollte lieber mit einem kerl zuethun haben dan mit frawen, da hette er mehr ehr von, sie solt hin und ihrn spinrock wehren".[12] Überhaupt war es weitgehend die Regel, daß jemand nur eine Person aus seinem eigenen Stand herausfordern konnte und diese darauf reagieren mußte. Das ergab sich nicht nur aus dem konkreten Lebenszusammenhang – zumeist saßen Standesgleiche an einem Tisch im Gasthaus – sondern aus dem Ehrbewußtsein des „Höher"stehenden; durch Niedrigergestellte fühlte er sich meist nicht angegriffen, doch schließt dies nicht aus, daß er in Konflikten mit solchen vor Gericht ging. Für einen Adeligen ziemte es sich am wenigsten, auf die Herausforderung eines Untertanen einzugehen.

2.

Die Anlässe zu einem Ehrenstreit waren vielfältig. Oft ging eine lange schwelende Auseinandersetzung zwischen zwei Personen bzw. zwei Familien voraus, meist um materielle Güter wie Erbschaften, Grundstücke, Schulden etc., der dann plötzlich erneut aufbrach und eskalierte. Die Kontrahenten kannten sich in der Regel aus der Gemeinde und wußten um ihre jeweiligen Schwächen. Aber auch zwischen Ortsfremden, die sich bis dahin nie gesehen hatten, gab es Ehrstreitigkeiten. Wenn man abends in einem Gasthaus zusammenkam, konnte ein kleiner Anlaß plötzlich zur Eskalation führen. Nicht zuletzt gab es auch den Spaß – besonders bei Jugendlichen –, den andern in Art einer Kraftprobe herauszufordern, ‚Schwächere' zu testen, wie sie sich verhalten würden, auch wenn später die Ehrverletzung wieder zurückgenommen werden mußte. Überwiegend waren es aber nicht Jugendliche, sondern vor allem Erwachsene, sogar ehrenwerte Hausväter, die andere herausforderten.

Konstitutiv für Ehrenhändel ist die Öffentlichkeit. Sie ermöglicht die Herabwürdigung im Sinne des Angreifers. Dementsprechend geschah die Herausforderung an einem öffentlichen Ort, zumeist im Gasthaus oder auf der Straße, wo jeweils genug Zeugen vorhanden waren. Seltener fand sie in einem Privathaus oder in der Küche statt. Das Wirtshaus galt in der Frühen Neuzeit und darüber hinaus als der Treffpunkt von Einwohnern eines Dorfs oder eines Stadtviertels. Hier kamen alle Stände zusammen, Arme wie Reiche, Handwerker wie Bauern, allerdings zumeist an getrennten Tischen, worauf der Wirt achten mußte. Man traf sich zum Speisen oder Trinken, zu Unterhaltung, Spiel und Tanz, vor allem erfuhr man hier alles Wissenswerte.[13] Die Gaststube war deshalb der ideale Ort, um jemandem Übles nachzureden oder solcherlei in die Welt zu setzen, ihn wirkungsvoll in Verruf zu bringen oder ihn gar öffentlich herauszufordern, bis man sich dann später vor Gericht wiedertraf. Eine nicht unwesentliche Rolle spielte dabei der Alkohol, der nicht selten aber auch als Entschuldigungsgrund für das Ehrabschneiden angeführt und akzeptiert wurde.

In einer angeheizten Atmosphäre im Wirtshaus oder hinterher auf der Straße hatten Schimpfwörter zumeist eine besonders verletzende Wirkung. Wir kennen ihre Resonanz jedoch nur aus den Fällen, die vor Gericht kamen. Ehrverletzend konnten im übrigen neben verbalen Beleidigungen auch Gebärden und Handlungen sein. Beliebt war es u.a., den Hut des Gegners herunterzuwerfen, bei Frauen die Haube, oder den Hintern zu zeigen. Das Arsenal von Schimpfwörtern war ungewöhnlich reich.[14] Sie waren zwar nicht alle gleicherweise entehrend, doch insgesamt zeigt sich an ihnen die Macht von Worten; keiner konnte die Beschimpfung und Herausforderung unbeantwortet lassen, obwohl offiziell jede Beleidigung wie auch ihre beleidigende Replik oder gar eine Rauferei strafbar war. Selten verhielt sich ein Angegriffener ganz passiv und brachte nur vor Gericht seine Klage vor; zumeist antwortete er mit einer nicht minder beleidigenden Beschimpfung. Sprachgewandte setzten ihr ganzes Können in diesem Wettkampf der Worte ein.

Der Streit des Klosterküchenmeisters von Heilsbronn mit dem Klosterprediger dürfte als zwar extremes, aber durchaus gängiges Muster für viele derartige Beschimpfungen stehen: Nach einem vorausgegangenen Streit – so berichtet 1672 der Küchenmeister – sei ihm der Herr Prediger „seitwerts unterwegs begegnet, und da (er) in die 20 Schritt noch von mir gewesen, ich ihne sogleich allerdings nicht gekannt, jedoch, daß es etwas Geistliches seye, wohl vermutet, aber umb jetzt gedachter seiner gegen mir verübter Ungebühr noch nicht Willens gewesen, ihme, wie vorhin jederzeit beschehen, mit Huet abzihen also zu verehren, da er dann ... uff mich geschrien: Er darf seine Hauben wohl abzihen, ich geantwortet: Der Herr auch. Folgends er geschrien: Ein grober Bernheuter, sagt ich drauf: Er auch. Er wiederumb: Loser Vogel, ich abermahl: Er auch, dabey meines Tritts immer fortgangen, hingegen er noch immer geschändet, so ich nicht mehr verstehen können, jedoch zurückgeschrien: Alles was er mich heiße, er auch seye“.[15]

Mochte dieser Streit noch einen harmlosen Charakter haben, so gab es Schimpfkanonaden, die die Ehre intensiv verletzten und nicht hingenommen werden durften. So heißt es 1751 aus Plön: Einer „bringt klagend an, wie sein Nachbar immer Unruh anfange und schimpfte, und zwar für Schelmen und Diebs-Bagage, so ein Ding, so ein Proppe, Schit-Ding, hätte ich dich buten in der Twiete, so wolle ich dich schneiden, die Därme sollten dir um die Beine herum bummeln, und die Seele soll auf dem Gras hüpfen, ich will dich voneinander reißen, daß kein Mensch wissen soll, wo ein Stück bei dem andern gesessen, ein Stück soll auf diesem, das andere auf einem andern Ort liegen. Er (selbst) stürbe doch keines guten Todes, er wäre doch des Teufels, und wäre ihm gleich viel was für einen Tod er sterbe, sie kochten oder braten ihn, sie räderten ihn oder brächten ihn an den Galgen".[16]

Die Zahl der Schimpfwörter, die die ländliche und städtische Bevölkerung in der Frühen Neuzeit zur Herabsetzung eines Gegners zur Verfügung hatte, war sehr groß und je nach Region und Zeit unterschiedlich entehrend. Wie sie die Obrigkeiten, aber auch die Bevölkerung selbst einschätzten, kann man aus der Höhe der Strafe ablesen.

Das kräftige Schimpfen entsprach ganz der zeittypischen „Grobheit" der Umgangsformen, sollte den Gegner ins Herz treffen, aber auch herausfordern. Am häufigsten wurde der Gegner als „Schelm" und „Dieb" gescholten, Beleidigungen, die sehr ehrenrührig waren.[17] Man unterstellte ihm damit, ein Verräter, Lügner und Betrüger zu sein, der nicht nur keine Ehre besitze, sondern schon in die Nähe der Unehrlichkeit und Infamie hochgerichtlicher Strafen gehöre und damit außerhalb der ehrbaren christlichen Gesellschaft stehe. Von ähnlicher Wirkung waren Worte, die eine Beziehung zum Henker oder Abdecker unterstellten. „Du gehörst an den Galgen" galt als ebenso ehrmindernd wie die Bezeichnung als „Schinder" oder „Racker". Die einzelnen Schimpfwörter unterstellten jeweils einen angeblichen oder tatsächlichen Vorgang, sie charakterisierten eine bestimmte Tat, ein spezifisches Verhalten, das die gesellschaftlichen Normen verletzte. „Fuchsschwänzer" bezeichnete beispielhaft den der Obrigkeit gegenüber schmeichlerisch Ergebenen, „Hanrei" den durch Ehebruch gehörnten Ehemann. Mit Sätzen wie „Du bist nicht wert, daß ein ehrlicher mann sich dir ztun", „Ich tünke mich zu gut, daß ich ein maas bier mit dir trinken solle", „Sie weren nicht wert, daß sie bey ihnen am tisch gesessen" und „du bist nicht wert, daß ein ehrlicher mann mit dir zu tun" haben will, wird behauptet, daß der Angegriffene nicht mehr zur ehrenwerten Gesellschaft zähle.[18]

Bei der ehrverletzenden Beschimpfung eines Gegners gab es zwischen Männern und Frauen bedeutsame Unterschiede. Wenngleich Frauen in Gerichtsakten zahlenmäßig geringer vertreten sind, konnten sie doch ebenso wie die Männer in einen Ehrenkampf verwickelt werden, Angreifer oder Opfer sein. Während Männer immer wieder in die Nähe zur Unredlichkeit, Unehrlichkeit und Kriminalität gebracht, ihr ehrlicher Name, ihre ehrliche Herkunft und ehrliche Tätigkeit diffamiert wurden, konzentrierten sich die meisten Angriffe gegen Frauen auf ihre Geschlechterehre. „Hure", „Diebshure" sind wohl die meist belegten Schimpfwörter gegenüber einer Frau, auch von seiten der Frauen selbst. Beliebt sind auch Steigerungsformen wie „ausgestaupte", „ausgestrichene", „gebrandmarkte" Hure oder „Brandmarks- und Kackhure", wobei auch hier wieder die Nähe zu Pranger und Galgen eine entscheidende Steigerung der Diffamierung brachte.

Die Ehrenkonflikte von Frauen spiegeln die Normenwelt der Geschlechterordnung der Zeit wider, in der die Frau über den Mann definiert wurde.[19] Der Vorwurf einer Verletzung der Sexualmoral traf bei einer Ehefrau allerdings dann auch die ganze Hausgemeinschaft, so daß sich gegenüber dieser Unterstellung auch der Ehemann verteidigen mußte. Ein zweites beliebtes Schimpfwort war „Hexe" bzw. „Zauberin". Wie gefährlich dieser Vorwurf jedoch war, wissen wir aus der Geschichte der Hexenverfolgung.[20] Zu den Schimpfwörtern kamen bei den Frauen oft Verwünschungen und Drohungen, begleitet von beleidigenden Gebärden wie dem Rock-Aufheben oder sonstigen Hinweisen auf das Hinterteil. Einmal heißt es in einem Protokoll von einer Frau, sie „hätte sich rundumb aufgehoben und ihn angeredet: du alter Schelm, schieß doch in alle Löcher, sieh auch hier herein".[21] Unter Männern mußte eine Herausforderung angenommen werden, den Angriff einer Frau aber durfte ein Mann nicht ohne besonderen Grund erwidern. Ein Mann verteidigte einmal seine Reaktion: „Ey der Donner, soll ich mich so scheren, zerhundsfüttern, zergänshenken und zerflegeln lassen?"[22]

Wie wichtig die bewußte Abwehr üblicher Beleidigung oder Beschuldigung war, zeigt ein Fall von 1662. Eine Frau hatte in Kallmünz recht spät wegen des allgemeinen Geredes, sie sei eine Hexe, vor Gericht geklagt. Der von ihr beschuldigte Ehrabschneider verteidigte sich vor Gericht damit, „sy hete ihre händel mit dem gewesten Reitknecht im Schloß, Friedrich genant, nit geführt, dahero von ihr nichts guts halten könte".[23]

Ursprünglich und wohl oft auch später regelten die Betroffenen unter Zeugen die Angelegenheit selbst, soweit der Ehrenhändel nicht in Rauferei oder anderen Gewalttätigkeiten geendet hatte, über die immer ein Gericht entscheiden mußte. Zumeist aber klagte der Angegriffene vor Gericht als der Instanz, die allein vor der Öffentlichkeit den Angreifer schuldig sprechen und dem Beleidigten seine Ehre wiedergeben konnte. Vor Gericht wurde in der Regel der ganze Vorgang geschildert und Zeugen vernommen. Nicht selten kam es zu einer Fortsetzung des Ehrenhändels. Die Strafen waren jedoch relativ gering. Da im 16. Jahrhundert in den meisten Fällen der Richter oder die Obrigkeit nicht als Ankläger, sondern nur als Schiedsrichter auftrat, ging es zumeist ohne disziplinierende Maßnahmen ab. Dies änderte sich seit dem 17. Jahrhundert.

Hatte ein zu Unrecht Angegriffener sein Recht erhalten, wonach der Beklagte die Beleidigung zurücknehmen mußte, so galt dies als Triumph des Beleidigten. Gelegentlich weigerten sich die Angeklagten anfangs, ihre Verleumdung zu widerrufen, aber wenn das Gericht mit höheren Strafen drohte, gaben sie stets nach. Zumeist entschuldigte sich der Angeklagte oft mit dem Hinweis auf seine Trunkenheit, zahlte eine Geldstrafe und leistete einen öffentlichen Widerruf, in dem er bestätigte, daß er vom Beleidigten „nichts anders zu sagen weiß, als was der Ehre belangen tut“.[24] Die Geldstrafe wurde je nach Stand und je nach der schädigenden Wirkung eines Schimpfwortes festgelegt. Gelegentlich, vor allem im 16. Jahrhundert, war es noch üblich, den Widerruf mit einem „aufs Maul schlagen“ zu verbinden. Dazu wurde dann der Satz gesprochen: „Maul als du das gesprochen, hastu gelogen“.[25] Dadurch sollte das Schimpfwort in die Brust des Beleidigten zurückgestoßen werden, so als wenn es nie ausgesprochen worden wäre.

Mit dem Schiedsspruch des Gerichts wollte man den Streitfall ungeschehen bzw. vergessen machen, d.h. weder der Beleidiger noch sein Opfer durften später darauf zurückkommen. Grundsätzlich galt: Wenn jemand häufig wegen ehrverletzender Beschimpfung überführt und bestraft worden war, konnte ihm selbst expressis verbis die Ehre aberkannt werden. Eler Siebe aus Wilster wurde 1590 „vor ehrloß erkennet, nemblichen, dath he vor einen solchen, als he den klegern gescholden und davor geachtet, hinforder geholden werden solle“.[26] Wir wissen, wie existenziell wichtig vor allem für die Handwerker die Wiederherstellung der Ehre war, da die Zünfte als ehrbare, exklusive Institution der guten Bürger nur unbescholtene Handwerker tolerierten. Das heißt nicht, daß in jedem Fall ein Ausschluß erfolgte, aber wenn ein Zunftmitglied sich noch anderes zuschulden kommen ließ, kam es zu Problemen. Auch andere Einwohner eines Dorfes oder der Stadt konnten es sich kaum leisten, daß ein Schatten auf ihren ehrlichen Namen, auf die ehrliche Herkunft und ihre ehrliche Tätigkeit fiel. Insofern lag es nicht im freien Entscheid, vor Gericht zu klagen oder dies zu unterlassen und ein Schimpfwort hinzunehmen, nicht einmal für Ortsfremde oder Auswärtige. Ein ‚böser Ruf‘ konnte nachfolgen. Nur die höheren Stände blieben von diesem Zwang befreit.

Das Selbstwertgefühl war wesentlich abhängig von dem öffentlichen Ansehen. Es war das Gebot der Selbstachtung, sich für seine Ehre auch äußerlich einzusetzen und jeden Angriff abzuwehren, wobei die klassischen Regeln des rituellen Wettkampfs eingehalten werden mußten. Mit der erzwungenen Rücknahme sah der Angreifer sich nicht unbedingt als Verlierer. Die mutige Herausforderung, seine Fähigkeit dazu, konnten ihm auf einer anderen Ebene jedoch wieder zur Ehre gereichen, gerade wenn sein Gegner auch von den Zeugen abgelehnt wurde. Die Dorf- bzw. Stadtgesellschaft und die obrigkeitlichen Gerichte bewerteten den Ehrenhändel oft unterschiedlich, aber am Urteil des Gerichts rüttelte in der Regel niemand. Beleidigungen von Rechts wegen waren verboten, gleichwohl war jeder Beleidigte gezwungen, in gleicher Weise zu antworten, denn dieses Recht wurde jedem von der Öffentlichkeit zugestanden. Wenngleich Eskalationen kaum zu verhindern waren, war das Ritual ein wichtiger Bestandteil der ständischen Gesellschaft.

Vor Gericht konnten jedoch nur diejenigen auf volle Wiederherstellung ihrer Ehre pochen, die zur Gemeinde zählten. Fremde hatten es stets schwerer; aber gänzlich ausgegrenzt wurden nur wirklich ‚infamierte' Personen. Hierüber haben wir allerdings nur wenige Informationen wie auch von denjenigen, die eine Herausforderung nicht annahmen. Wenn jemandem nicht nur ehrenkränkende Beleidigungen vorgeworfen wurden, sondern er zugleich des Diebstahls oder der Hurerei bezichtigt wurde, schloß sich gelegentlich ein Gerichtsverfahren an, das diesem Vorwurf nachging. Denn die Beleidiger sprachen nicht nur inhaltslose Beschimpfungen aus, sondern auch tatsächliche Verdächtigungen, denen ein Gericht nachgehen mußte, vor allem wenn der Verdächtiger nicht nachgab. Die uns überlieferten Diebstahls- und Hurereianklagen erfolgten allerdings zumeist nicht nach dem Muster eines Ehrenhändel, sondern aufgrund unmittelbarer Klage vor Gericht.

Sicherlich handelte es sich bei der Mehrzahl der vielen öffentlichen Beleidigungen um geringe Ehrverletzungen, die wenngleich sie gesühnt werden mußten, meist aber auch ohne Schaden überstanden wurden. Sobald man jedoch jemandem die Gemeinschaft aufkündigte bzw. ihn in die Nähe zum Henker oder Abdecker rückte, drohte eine gefährliche Infamierung. Bei der Untersuchung der ‚Unehrlichkeit' der Henker und Abdecker kommen wir darauf zurück.

3.

Nicht selten mündete ein Ehrenhändel bzw. eine verbale Ehrverletzung im Wirtshaus oder auf der Straße in eine kräftige Rauferei, bei der es nicht nur zu beträchtlichen Körperverletzungen, sondern gelegentlich sogar zum Totschlag kam.[27] Der ‚Raufhändel' war eine besondere Form des Ehrenhändels, bei dem es zwar auch um einen Angriff auf die Ehre einer Person ging, der aber nicht nur verbal, sondern gewalttätig ausgeführt wurde. Ein normaler Fall: Ein Schäfer aus Ratzeburg hatte 1725 den Sohn des Schulzen verprügelt. Vor Gericht erklärte jener, daß er dazu genötigt worden war, „weilen des schulzen söhne ihm vor einen schelm, racker und ander mehr worte nach gescholten, welches er dero zeit passiren lassen, als aber nach der hand des schulzen sohn auf den hofedienst kommen und mist gefahren, hätte der eine seiner Söhne von neuem auf ihn gescholten, gesaget, du schelm, du dieb, du racker, da er denn endlich so böse geworden, einen schranken stock genommen, ihn über den rücken geschlagen, sonst hätte er nichts getan".[28]

Überliefert wird ein für unsere Vorstellung unglaubliches Maß an brutaler Gewalt. Bekannt ist zwar die allgemeine Rauflust vor allem junger Leute in Stadt und Land, doch auch sonst war Gewalt ein Stück alltäglichen Lebens und alltäglicher Kommunikation. Wie rasch wurden Kinder und Gesinde geschlagen, auch Frauen von ihren Männern, und oft weitete sich ein Streit zwischen Männern zu tödlicher Gewalttätigkeit aus. Ein gewisses Maß an Gewalt wurde allenthalben toleriert, in der Regel aber griffen bei größeren Auseinandersetzungen Freunde, Nachbarn, wenn nicht die Amts-leute eines Gerichts selbst ein.

Daß Gewalttätigkeit ein so häufiges Delikt in der städtischen wie ländlichen Gesellschaft war, hatte seine Ursache nur zum Teil in einem ausgeprägten Aggressionspotential vieler Menschen in der Frühen Neuzeit, wie es oft heißt. Anlaß zu einem Streit konnte sich in dieser engen Welt knapper Güter jederzeit ergeben, vor allem, wenn zugleich die Ehre bzw. die moralische Existenz auf dem Spiele stand. Zwar wurden bereits im 16. Jahrhundert Selbstjustiz und Gewalttätigkeit strafrechtlich verfolgt, eine gewalttätige Antwort auf eine öffentliche Beleidigung galt aber dennoch, wie schon gesagt, in der frühneuzeitlichen Gesellschaft als eine selbstverständliche Art der Wiederherstellung der Ehre. Das belegen die vielen erhaltenen Gerichtsurteile, die Gewaltaktionen im Zusammenhang von Ehrbeleidigungen nachsichtig bestraften. Zumeist blieb es auch bei Geldstrafen, es sei denn, daß schwere Verletzung oder Totschlag vorlagen.

In den frühneuzeitlichen Raufereien kennen wir alle Formen gewalttätiger Auseinandersetzungen: Es wurde geschlagen, getreten und gebissen. Ohne große Hemmung ergriff man den nächstbesten Gegenstand, um seinen Gegner zu verletzen: Krüge, Hacken, Dreschflegel, Sensen, Holzscheite, Stangen, ja Messer und Beile werden genannt. Meist wurde auf den Kopf geschlagen; gräßlichste Verletzungen der Gliedmaßen werden überliefert – die Baderrechnungen waren beträchtlich.[29]

Sosehr auch Frauen an Ehrenhändel beteiligt waren, partizipierten sie weniger an den tätlichen Auseinandersetzungen. Der Raufhändel – als Racheiniurie – war eine Männerangelegenheit, auch weniger unter Jugendlichen, als vielmehr unter erwachsenen Hausvätern. Es ging zum Teil nur um ein Kräftemessen, oft aber um Rache, Haß und Rechthaberei. Frauen traten dabei nicht selten als Schlichter auf. Kam die Sache vor Gericht, so hing der Ausgang des Streits nicht nur vom Ehrenstatus der Teilnehmer ab, sondern auch von der Einstellung des Publikums, das vor Gericht als Zeuge Position beziehen konnte. Nicht selten wurde vor Gericht wie bei reinen Ehrenhändeln der Streit weitergeführt.

Wenngleich der Verleumder oder Beleidiger oder auch das sich wehrende Opfer zu einer Strafe verurteilt wurden, gereichte ihnen beiden dies selten zur öffentlichen Schande. Im Gegenteil: Jeder konnte, wenn auch mit unterschiedlichen Akzenten, auf seine Weise eine öffentliche Genugtuung erfahren. Im ritualisierten Schlagabtausch stabilisierte sich immer wieder die soziale Ordnung. Zumindest galt dies für das 16. und 17. Jahrhundert. Die Ehren- und Raufhändel gehörten zwar zusammen, aber während der einfache Ehrenhändel niemanden diskriminierte, wenn es zur öffentlichen Wiederherstellung der Ehre kam, bedeuteten beim Raufhändel starke Verletzungen, vor allem aber ein Totschlag, doch ein eindeutiges Delikt, das die richterliche Obrigkeit ahnden mußte. Sie verhängte harte Strafen, bei Totschlag erfolgte nicht selten eine zumindest zeitweilige Landesverweisung. Im Unterschied zum 16. Jahrhundert, als man Gewalttaten im Zusammenhang mit Ehrverletzungen oft noch geringere Bedeutung zumaß als der gewöhnlichen Körperverletzung, akzeptierte das 18. Jahrhundert Gewalt nicht mehr als Mittel der Ehraustragung. Die obrigkeitliche Gerichtsordnung setzte sich vom Konsens der Dorf- oder Nachbarschaftsgemeinschaft ab und wartete auch nicht mehr auf die Klage des Angegriffenen, sondern schritt selbst ein.

Eine besondere Form des Ehrenhändels war das ‚Herausfordern aus dem Haus', das leicht einen gewaltsamen Ausgang nehmen konnte und wie der Raufhändel unter besonderer Strafe stand.[30] Zur Ehrenkränkung kam ein Hausfriedensbruch, durch den nicht nur die persönliche Ehre des Angegriffenen, sondern auch die Ehre des Hauses verletzt wurde. Auch dieses Delikt ist häufig belegt, obwohl das Haus unter einem besonderen obrigkeitlichen Schutz stand. Wer unabhängig von einer Ehrauseinandersetzung mit bewaffneter Hand in ein Haus drang oder heimlich am Fenster lauschte, wer das Dach, den Zaun oder die Fenster zerstörte, mußte mit empfindlicher Strafe rechnen. Aus Aubing wird 1581 berichtet: „Caspar Spitzweckh wirt zue Aubing clag gegen und wider Georgen Schuester daselbst, wie er kurtz verschiner (Zeit) zue ime in(s) wirthauß gangen, sein weib geschendt und geschmecht, ain huern gehaissen und ine ain dieb gescholten. Yber sollichs haimgangen und nit ersettigt gewesen widerumben mit ainem spieß khumen und in die haus dir gestochen und ime herauß gefordert, und da des wirths piebel nit gewesen, er im hauß besorglich mordt angericht haben wurde, so die thier eingeschlagen. Item ein fenster sey ime derbrochen worden. Auch die wirthin bei dem hahr genumen".[31] In Maisach klagte 1579 Wolf Schelhauer „wider Jeörgen Schmidt ambtman daselbs, wie er ime gegen der nacht ab ainer hochzeit geriten, ime fürs hauß und in hof geritten, ine Schelhauer diebt und geschelmt, ainen castenbrecher gescholten".[32]

Das Herausfordern aus dem Haus verlief nach einem mehr oder weniger eindeutigen Ritual. Aufgrund eines bestimmten Streits, zumeist in Fortsetzung eines Ehrenhändels, lief der Herausforderer vor das Haus des Gegners und forderte ihn laut unter Angriffen auf seine Ehre auf die Straße, um mit ihm einen Zweikampf zu führen. Um seiner Forderung Nachdruck zu verleihen, konnte er noch die Fenster einschlagen oder den Hausrat demolieren und die Tür aufbrechen. Im Unterschied zum klassischen Raufhändel brauchte ein Hausbesitzer nicht auf das Ansinnen des Gegners einzugehen. Wo es dennoch geschah – zumeist nach mehrfacher Herausforderung – gab es zumeist eine beträchtliche Rauferei. Aus Würzburg wird 1548 berichtet:

„Uff solche meynung und sein ehr zu vertretten ist er verursacht worden (herauszugehen) und ihme mitt einem schweinsspies etlich streich (zu) geben“.[33]

Sosehr jeder der Unehre bezichtigt werden konnte, gab es zahlreiche Möglichkeiten, sie wieder herzustellen, für ehrenwerte Stände allerdings leichter als für Arme und Fremde. Wenn jedoch jemand auf eine Herausforderung nicht antwortete, nicht mit gleicher Münze zurückzahlte oder nicht vor Gericht ging, konnte er Schaden nehmen; umgekehrt gilt dasselbe für diejenigen, die dauerhaft andere Personen verleumdeten. Aber im eigentlichen Sinn wurde im Kräftespiel der dörflichen und städtischen Gesellschaft keiner durch einen Ehrenhändel infam. Zwischen der Androhung und der Realität gab es beträchtliche Differenzen. Anders stand es mit den ‚unehrlichen‘ Leuten.

Unehrliche Leute

Das fahrende Volk – Unehrliche Handwerker

1.
Schweineschneider aus Köln, Sachsen, Brandenburg, Lüneburg und Hessen hatten sich 1699 bei Kaiser Leopold I. darüber beschwert, daß man sie, ihre Kinder und Nachkömmlinge überall im „Heiligen Reich“ für „infame Leute“ halte, „welche weder in Zünfften noch Gilden kommen könten, sondern aller Ehren unfähig wären, daher dann niemand von denen gemeinen Bürgers- und Handwercks-Leuten mehr mit ihnen umgehen wollen, ja so gar die Verstorbene von ihren Meistern und Angehörigen zu Grabe zu tragen oder zu folgen sich scheueten, dadurch sie dann zu den verächtesten und armseligsten Leuten ... gemacht würden“. Deswegen baten sie unter Berufung auf die Reichspolizeiordnung von 1548 um einen Machtspruch, „daß sie im gantzen heiligen Römischen Reich für ehrliche unsträfliche Leute zu halten und also zu Zünfften, Gilden, Ämtern und anderen ehrlichen Handthierungen zu admittiren und anzunehmen seyn.“[1] Diesem Wunsch der Schweinemeister entsprach der Kaiser mit einer Declaration des Inhalts, „daß die vermeynte Infamia, welche ihnen hin und wieder angehefftet werden will, kein anders Fundament, als des gemeinen Pöbels Irrwahn vor sich habe, solches aber weder nachzusehen, noch zu verstatten gemeynt seyn, dass dadurch Leute von nöthigen und unverwerfflichen Professionen, samt ihren Kindern, in Verkürtzung ihrer Ehr und guten Nahmens gesetzet werden solten.“[2]

Dies war nicht der erste Fall, in dem Kaiser und Reich die Infamierung und Ausgrenzung ‚unehrlicher‘ Berufe von Seiten des Handwerks als Mißbrauch anzuprangern und zu verbieten suchten. Von der „Ordnung und Reformation guter Policey“ von 1548[3] bis hin zur „kayserlichen Allergnädigsten Verordnung, Die Abstellung deren im Heil. Römischen Reich Bey denen Handwercks-Zünfften Vielfältig Eingeschlichenen Mißbräuchen Betreffend“ (Reichshandwerkerordnung) von 1731[4] verboten sie, Leineweber, Barbiere, Schäfer, Müller, Zöllner, Pfeiffer, Trompeter, Bader und deren Kindern von Zünften, Ämtern, Gilden und Innungen auszuschließen, ebenso die Kinder der Landgerichts- und Stadtknechte, der Gerichts-, Fron-, Turm-, Holz- und Feldhüter, Totengräber, Nachtwächter, Bettelvögte, Gassenkehrer, Badfeger und „dergleichen, in Summa keine Profession und Handtierung“.[5] Ähnlich lautende Ordnungen gegen die Mißbräuche des Handwerks kennen wir aus den verschiedensten Territorialstaaten. Neben der Diffamierung angeblich unehrlicher Leute verboten die Obrigkeiten auch andere Mißbräuche: „Gleicher Gestalten, da ein Handwercker einen Hund oder Katz todt wirfft, oder schläget, oder ertrăncket, ja nur ein Aas anrühret, oder dergleichen etc. man eine Unredlichkeit daraus erzwingen will, so gar, daß die Abdecker sich unterstehen dörffen, solche Handwercker mit Steckung des Messers, und in mehr andere Weege zu beschimpffen, und dergestalt dahin zu nöthigen, daß sie sich mit einem Stuck Geld gegen ihnen abfinden müssen, noch ferner unter dem falschen Wahn daraus fliessender, jedoch so gar keinen Grundhabender Unredlichkeit, selbst denen jenigen, welche öffters auch wohl bloß Unwissend, und unversehens mit Abdeckern getruncken, gefahren oder gegangen, oder derselben einen, oder ihr Weib und Kinder zu Grab tragen helffen oder von der Leichen-Begleitung gewesen, oder die aus offenbahrer und von denen Gerichten darfür erkanter Melancholie sich selbst umb das Leben bringende Persohnen abschneiden, auffheben und zu Grabe tragen; Item zu Kriegs- und Pest-Zeiten, in Ermanglung eines Abdeckers oder sonsten bey großer Vieh-Seuchen, das gefallene Viehe aus denen Ställen schaffen und vergraben ... ja öffters gar noch aller dieser Leuthe Kinder von denen

Handwerckern der gröste Streit und Verdruß erreget worden".[6]

Wie wenig Erfolg indes derartige herrschaftliche Regelungen selbst noch im 18. Jahrhundert hatten, wie tief die Vorstellung von der Unehrlichkeit bestimmter Personen und Tätigkeiten vor allem in der Mentalität der Handwerkerkreise verwurzelt war, zeigen drei eklatante Fälle aus der zweiten Hälfte des 18. Jahrhunderts, also aus einer Zeit, die sich rühmte, den Bann des Aberglaubens und der Unvernunft gebrochen zu haben.

1. Im bayerischen Gunzenhausen weigerte sich 1756 das Schneiderhandwerk, einen Lehrjungen aufzunehmen, weil sein Großvater mütterlicherseits ein Schafmeister gewesen sei und sich mit gefallenem Vieh abgegeben habe. Selbst als die ansbachische Regierung die Einschreibung des Lehrjungen erzwingen wollte, wehrte sich das Schneiderhandwerk erfolgreich. Erst als der Lehrjunge beim Kammergericht gegen die „gesetzwidrige" Anordnung klagte, beugte sich die Zunft dem Urteil und nahm den Lehrjungen auf.[7]

2. In der Nähe von Lüneburg stürzte 1784 im Beisein vieler Menschen ein Abdecker vom Pferd. Obwohl er sich vor Schmerzen krümmte, bemühte sich keiner der Zuschauer um ihn, „noch weniger reichte ihm Einer seine menschliche oder christliche Hand". Nur mit Mühe konnte er sich in seine Wohnung schleppen, wo er bald darauf starb. „Das geschah im letzten Viertel des philosophischen 18.ten Jahrhunderts in einer aufgeklärten Provinz und in einer Stadt".[8]

3. In den letzten Regierungsjahren Friedrichs II. von Preußen kam es in Berlin zu einem Aufruhr, als ein Maurergeselle einem anderen eine tote Katze in den Kalkkasten geworfen hatte. Der Beleidigte warf darauf das Handwerkszeug von sich, und seine Kollegen folgten seinem Beispiel. Die Gesellen verließen den Bau und zogen durch die Stadt, um die übrigen Maurer zu bewegen, ihre Arbeit so lange einzustellen, bis der „Schimpf" vom Handwerk genommen

würde. Die ganze Stadt geriet darauf in Aufregung, das Militär wurde eingesetzt, und „es gab einen Lärm, der eine ganze Woche dauerte".[9]

So wirkkräftig konnten ein Verruf und eine Infamie durch ‚unehrliche' Handlungen und Tätigkeiten bis weit ins Zeitalter der Aufklärung bleiben.

Die Diffamierung als unehrlich eingeschätzter Berufe und Arbeiten läßt sich nur aus dem Kontext der Entwicklung der ständischen Gesellschaft der Frühen Neuzeit, insbesondere des Handwerks verstehen.[10] Der Verruf, aufgrund von bestimmten Handlungen oder Reden ein Schelm zu sein, konnte im Prinzip jeden auf dem Land wie in der Stadt treffen, aber der Vorwurf, unehrlich zu sein, war ein dominant ständisches, besser zünftisches Phänomen, um die Gesellschaft von ‚unliebsamen' Elementen frei zu halten. Die Begriffe ‚ehrlich' und ‚unehrlich' bezeichnen allerdings ebenso wie redlich oder unredlich keine moralisch-sittliche, sondern eine sozial-mentale Kategorie, die mit Beruf und Stand per se verbunden war. Unter Ehrlichkeit des Handwerks wie überhaupt unter Ehrbarkeit eines Standes verstehen wir einen Habitus, der in gleicher Weise eheliche Geburt, tugendhaften Lebenswandel und handwerkliches Können umfaßt; nur unter dieser Rücksicht begründete er Zunft- und Bürgerrechte. Die Ehrlichkeit des Handwerks bemaß sich dementsprechend nicht allein nach handwerklicher Zuverlässigkeit, sondern setzte auch standesgemäße Lebensführung, gute Herkunft und zünftlerischen Geist voraus. Wer dem nicht entsprach, konnte nicht ins Handwerk aufgenommen oder gar Meister werden. Die Abgrenzung zum Unehrenhaften gab es überall, aber im Handwerk gehörte die Unehrlichkeit als Gegenbegriff konstitutiv zur Ehrlichkeit. Die Ausgrenzung, Stigmatisierung und Infamierung einzelner Stände, Tätigkeiten und Berufe war bei den Handwerkern ein Bestandteil der persönlichen Ehrbarkeit.

Wer beispielsweise in eine Handwerksgilde der Stadt Kyritz aufgenommen werden wollte, mußte 1569 folgenden ‚Geburtseid' schwören: „Ich schwöre, daß ich von Vater und Mutter als ehrlich frommen Eltern im rechten Ehebette erzeuget, und als ein Christ getauft, auch nicht aus Wendischen, sondern aus gutem Teutschem Geblüthe stamme, guten ehrlichen Herkommens, Handels und Wandels sey, und daß ich in Gülden für tüchtig mag aufgenommen und nicht verworfen werden, als mir Gott helffe und sein heiliges Wort".[11] In Wilster mußte 1638 ein Handwerker ehrlicher Abkunft sein, vor allem aber „von keinen handtwerken, so entweder in rechten oder vom gemeinen manne verachtlich gehalten als von pfeiffern, spielern, lottern, schäffern, badern, zolnern, mülern, leinwebern, tupffentragern, kesselbüeßern".[12] Und nach einem Generalprivilegium des Kurfürsten Friedrich Wilhelm von Brandenburg von 1650 konnte in Halberstadt nur der als Handwerker gelten, „der guter teutscher Art, aus einem rechten Christlichem, reinem Ehebette erzeuget und geboren, auch keines tadelhaften Geschlechtes sey, als: Zöllners, Baders, Bachmüllers, Bartscheerers, Pfeifers, Feldschäfers, auch Leinewebers".[13]

In der Regel bedeutete die Ausgrenzung nicht Rechtlosigkeit, sie minderte aber erheblich die Chance, Bürgerrecht zu erwerben und an der ständisch-bürgerlichen Ehre einer Stadt zu partizipieren. Zwar hatten die Zünfte nicht alle das gleiche Prestige und den gleichen sozialen Status. Zwischen der Zunft der Goldschmiede und der der Schuster beispielsweise gab es beträchtliche Unterschiede. Aber die ‚Unehrlichen' waren ausgeschlossen von der ständischen Selbstdarstellung der Ehrbarkeit der Städte.[14]

Da die Handwerker bzw. die Zünfte einen bedeutsamen Machtfaktor in der frühneuzeitlichen Stadt darstellten, ja selbst an der städtischen Macht partizipierten, wurde die Ausgrenzungspolitik der Zünfte nicht nur vom städtischen Magistrat mitgetragen, sondern geradezu zum Bestandteil städtischer Politik gegenüber allen unredlichen Elementen. Das schloß allerdings nicht aus, daß in dem Maße, wie die Zünfte vor allem seit dem 17. Jahrhundert ihre Macht „mißbrauchten“ und ihre Interessen vor die des Gemeinwohls stellten – weil der Verteilungskampf unter den Zünften wie zwischen dem zünftischen und unzünftischen Gewerbe härter wurde –, die städtischen Obrigkeiten von diesen Eigeninteressen abrückten und sich gegen pauschale Infamierungen stellten. Aber weder die Städte noch kirchliche Kreise waren es, die die ‚Ungerechtigkeit‘ der Diffamierung bestimmter Menschengruppen schließlich unterbanden bzw. verboten. Vielmehr erkannten bereits seit dem späten 16. Jahrhundert – weit vor der aufklärerischen Bewegung – weltliche Obrigkeiten, Territorialherren und ‚höhere‘ Herrschaftsträger in der Unehrlichkeit ein ihren rationalen absolutistischen Ordnungsvorstellungen widersprechendes System und suchten zum Ausgleich der verschiedenen gewerblichen Gruppen gegen diese ‚Ungerechtigkeit‘ vorzugehen. Dementsprechend war es auch nicht erst die Reichshandwerkerordnung von 1731, die die ‚Mißbräuche‘ der Handwerker zu unterbinden trachtete, sondern bereits verschiedenste herrschaftliche Bestrebungen aus dem 16. Jahrhundert, die die ‚eigenwillige‘ Ausgrenzungspolitik der Zünfte im Interesse der Allgemeinheit zu beschneiden suchten. Ihr weitgehender Mißerfolg allerdings resultierte nicht aus dem eigensinnigen Festhalten der Handwerker an ihrer Ehrbarkeit und den mit ihr verquickten Bräuchen und Traditionen, sondern daraus, daß die Diffamierung bestimmter unsauberer oder auch undurchsichtiger Tätigkeiten tief im Bewußtsein der Ständegesellschaft verankert war.

Sicherlich darf man das Problem der ‚engeren‘ Unehrlichkeit nicht überschätzen; es gab noch andere Ausgrenzungsmöglichkeiten und Gruppen, die nicht in die Ehrbarkeit einer Stadt aufsteigen konnten, auch wenn sie nicht unter die eigentlichen unehrlichen Leute gerechnet wurden.

Hierzu gehörten etwa die unehelich Geborenen, Wenden, Juden und Zigeuner sowie Bettler und Gebrandmarkte.[15] Außerdem gab es zwar allgemeine Vorstellungen von der ‚Unehrlichkeit', sonst hätten Handwerker nicht so oft andere Handwerker „verunehren" können und die Obrigkeiten dagegen einschreiten müssen, aber wer im einzelnen als unehrlich galt, war nicht von vornherein definiert. Die genannten Gruppen waren nicht überall und zu jeder Zeit als unehrliche Leute angesehen, ja selbst Abdeckern und Scharfrichtern begegnete man entgegen der landläufigen Meinung nicht überall mit Abscheu und Ablehnung. Welcher Handwerker konkret als ‚unehrlich' ausgegrenzt werden konnte, kann nur im Einzelfall festgemacht werden.[16] Schließlich beinhaltete in der Frühen Neuzeit Unehrlichkeit keinen gleichsam angeborener Fehler, so sehr Herkunft und Familie immer eine Rolle spielten, sie hing stets einerseits von der Zuschreibung durch Zunft und Vereinigungen ab, andererseits vom Verhalten des als unehrlich Deklarierten. Der Verruf der Unehrlichkeit war natürlich ein ‚ideales' Instrument, um unliebsame Personen von der eigenen Gruppe fernzuhalten. Hier spielten sowohl die soziale Position der Betroffenen als auch Unterstellungen und Vermutungen – wie im Ehrenhandel – eine beträchtliche Rolle.

2.

Wir unterscheiden die ‚unehrlichen Leute', die durch ein bestimmtes Gewerbe oder bestimmte Dienstleistungen in Verruf gerieten, nach drei Gruppen: Zunächst ist das unehrliche Gewerbe bzw. Handwerk zu nennen: hierzu zählen Müller, Schäfer, Gerber, Leineweber, Töpfer, Bader, Barbiere etc. Sie alle gingen unverzichtbaren Arbeiten nach, wurden aber vom ehrbaren Handwerk nicht nur als nicht gleichrangig und -wertig angesehen, sondern konnten als unsauber bzw. als ‚unlautere' Arbeiter ausgegrenzt und am Aufstieg in das Zunfthandwerk und die städtische Ehrbarkeit gehindert werden. Die zweite Gruppe umfaßt Spielleute, Musikanten, Bärenführer, Schausteller, Gaukler, Kesselflicker, Quacksalber, Taschenspieler, Scherenschleifer, Dirnen und Geächtete, Strafverfolgte, Gebrandmarkte, vor allem Hausierer und Bettler, aber auch Juden und Zigeuner – kurz das fahrende Volk, das in der frühneuzeitlichen Gesellschaft eine beträchtliche Gruppe bildete. Es handelt sich im Unterschied zu der ersten Grupen um nicht Seßhafte, die unterschiedlichste kleine Dienste anboten, Menschen unterhielten und belustigten oder Waren verschiedenster Art verkauften, die man in der Regel gerne annahm, ohne aber mit den Leuten selbst viel zu tun haben zu wollen. Schließlich ist eine dritte Personengruppe zu nennen, die in öffentlichen niedrigen Diensten stand oder weitgehend anrüchige Arbeiten, die mit Schmutz, Strafe und Tod zu tun hatten, ausführte, auf die aber keine Gemeinde verzichten konnte. Hierzu zählten einerseits Totengräber, Gassenkehrer, Gerichts- und Polizeidiener, andererseits die Abdecker und Scharfrichter. Ihre Ausgrenzung erfolgte entschiedener als die der anderen Gruppen, die Abdecker galten weitgehend als infam, und waren auf jeden Fall zu meiden. Diese Zuschreibungen sind vor allem durch obrigkeitliche Polizeiordnungen belegt; sie entsprechen jedoch nur bedingt der sozialen Struktur und Praxis in den Städten und Dörfern.

Die Grenzen zwischen diesen drei Gruppen sind fließend. Die Unehrlichkeit haftete nicht nur der Arbeit und Tätigkeit an, sondern ging im Laufe der Zeit auch auf die Person selbst über. Manche der ‚Unehrlichen' waren von allen eigentlichen Bürgerrechten ausgeschlossen, ohne aber damit rechtlos zu sein; manche waren tatsächlich rechtlos, ohne zugleich in einem infamen Ruf zu stehen, manche galten schließlich geradezu als infam, ohne rechtlos zu sein. Wie die Ständegesellschaft keine einheitliche soziale Struktur besaß, umfaßte auch die Unehrlichkeit keine geschlossene Gruppe über alle Regionen und Zeiten hinweg.

Das Phänomen der ‚unehrlichen Leute' ist in der Forschung kein unbekanntes Thema. Aber die Untersuchungsergebnisse variieren doch beträchtlich. Im Vordergrund stand lange die Frage nach dem Ursprung der Unehrlichkeit, die bisher allerdings nicht befriedigend beantwortet wurde. Zwei Meinungen herrschten lange vor: Die eine leitete die Unehrlichkeit primär ab von der Unfreiheit bzw. ihrer Leibeigenschaft der ‚Unehrlichen', die andere – und sie herrscht im populären Verständnis noch vor – meint einen sakral-magischen Ursprung zu erkennen. „Alle jene bemakelten, mit Verachtung, aber auch mit abergläubischer Scheu umgebenen Berufe treten auf irgendeine Art das Erbe germanischen vorchristlichen Kulturbrauchtums an."[17] Während das ‚magische' Erklärungsmuster in der älteren Forschung Vorrang hat, wird es in der neueren Sozialgeschichte geradezu eliminiert, was problematisch ist: Schmutzig und rein, tod- und heilbringendes Handeln sind durchaus gültige Kategorien der ‚vormodernen' Gesellschaft, vor allem wenn man sie nicht von der Obrigkeit her beurteilt, sondern von der Mentalität der einfachen Leute in Stadt und Land ausgeht.[18]

In unehrlichem Ruf standen als erste Großgruppe die „fahrenden Leute".[19] Sie werden als eine geschlossene Gruppe beschrieben, umfaßten aber in Wirklichkeit höchst unterschiedliche Personen verschiedenster Herkunft und Tätigkeit. In der Regel handelte es sich um Bettler und Vaganten, Spielleute und Schausteller und um Kleinhändler und Hausierer. Armut und Heimatlosigkeit war das einzige sie Verbindende, vielleicht auch noch der allgemeine Verdacht auf Betrügerei, den man ihnen gegenüber hegte. Obwohl keiner auf ihre Dienste verzichten konnte und wollte – wer vergnügte sich nicht an Schaustellern und war auf die Warenangebote von Hausierern neugierig –, wurden sie doch allesamt mit ihren Nachkommen von den Zünften, Gilden und Innungen gemieden, ja sogar ausgeschlossen. Zwar war das

Land toleranter, aber auch hier konnte kein fahrender Mann in die Bauernschaft einheiraten.

Das fahrende Volk gehörte zum Erscheinungsbild der spätmittelalterlich-frühneuzeitlichen Dorf- und Stadtgesellschaft und war auf allen Jahrmärkten vertreten. Allerdings gab es einen bedeutsamen Unterschied zu den anderen Unehrlichen. Während nämlich die seßhaften unehrlichen Handwerker zumeist von den Obrigkeiten gegen die Ausgrenzung durch die Zünfte Schutz erhielten, wurden die Nichtseßhaften von den Herrschaftsträgern nicht toleriert und oft sogar als Müßiggänger oder potentiell Kriminelle regelrecht für rechtlos erklärt. Sicherlich wurde dabei differenziert, aber seit dem Dreißigjährigen Krieg wird der Kampf der Obrigkeit gegen das fahrende Volk immer entschiedener. Wollten die Zünfte das fahrende Volk lediglich vom Handwerk fernhalten, diskriminierte es die Obrigkeit als leichtsinniges, böses und herrenloses Gesindel, das keinen Schutz und keine Rechte genießen durfte. Ein herrschaftliches Mandat von 1586 zählte zu ihnen: „Zigeuner, Landstreicher, herrenlose Gardenknechte, Kundtschafter, Außsprecher, zum Müßiggang abgerichtete Landbettler, Störger, Zanbrecher und was dergleichen loß Gesindlein ist ... item Wahrsager, Teufelsfenger, Christallenseher, Segensprecher, die sich vor Ärzten Menschen und Viehe zu helffen außgeben“.[20] Alle diese standen außerhalb der Gesellschaft, hatten kein Recht auf ‚Nahrung‘ in den Gemeinden und wurden sogar wie Kriminelle immer wieder des Landes verwiesen – obwohl sich die meisten Fahrenden und auch das gemeine Volk wenig um diese Verbote kümmerten.

Das fahrende Bettelvolk, das von der ehrbaren Welt ausgeschlossen war, setzte sich aus den verschiedensten Gruppen und Ständen zusammen: aus der ländlichen und städtischen Armut, aus dem Söldnerstand und der großen Schicht gescheiterter Existenzen, Invaliden etc.[21] Abgesehen von Gelegenheitsarbeiten lebten diese Menschen weitgehend vom Bettel und zogen als Vaganten von Stadt zu Stadt, von Dorf zu

Dorf. Ihre Zahl war im Spätmittelalter schon beträchtlich, sie nahm aber seit dem 16., vor allem jedoch seit dem 17. Jahrhundert noch zu und umfaßte Männer wie Frauen, Kinder wie Greise. Weil Bettler hier und da auch als Hausierer oder als Spielleute auftraten, ist die Grenze zu diesen ebenso schwer zu ziehen wie zu den streng verfolgten eigentlichen Diebsbanden, denn ohne kleine Betrügereien konnte auch ein Bettler kaum überleben.

Es wundert nicht, daß der Handwerkerstand, der auf seine Ehre und Herkunft achtete, Nachkommen von Vaganten nicht aufnahm und daß die Obrigkeit sie immer wieder kriminalisierte. Störte das Bettel- und Vagantenvolk nach Meinung der Obrigkeit die öffentliche Ordnung, so blieb dem Handwerk seine Herkunft und Tätigkeit anrüchig, obwohl konkrete Äußerungen gegen die Vaganten als ‚unehrliche' Leute selten sind.

Auch die Spielleute, Schausteller und Komödianten galten schon seit dem Mittelalter als unehrlich. Mit der Ausweitung von Jahrmärkten und Kirchweihen erfolgte zeitweise eine schärfere Ausgrenzung, bis seit dem späten 17. Jahrhundert kaum noch von einem unehrlichen Gewerbe gesprochen wird. Bei dieser Gruppe handelte es sich um vagierende Leute, die sich durch Volksbelustigungen, Musik, Schauspiel oder akrobatische Künste ihren Unterhalt verdienten. Zu ihnen werden die Gaukler, Taschenspieler, Seiltänzer, Kunstreiter, Tierbändiger, Bärenführer, Possenreißer, Ringkämpfer, Athleten, Akrobaten, Gleichgewichtskünstler, Zauberer, Marktschreier, Bänkelsänger, Wunderdoktoren, Feuerfresser, Tierstimmenimitatoren, Musikanten, Komödianten, Sackpfeifer, Wahrsager, Schwertkünstler gezählt. Manche übten diese Tätigkeiten nur zeitweise aus, manche machten sie zur Profession bzw. zum dauernden Gewerbe. Sie waren in Stadt und Land gerne gesehene Gäste, aber den Obrigkeiten schutzlos ausgeliefert. Vor allem hatten sie in den Kirchenvertretern ihre stärksten Feinde:

Sie verstießen angeblich gegen die christlichen Normen, förderten die Spiel- und Trinkleidenschaften und waren unbehaust. Ihren tendenziellen Verruf verloren sie erst dann weitgehend, wenn sie vom Adel, von den Kirchenfürsten, vom Hof oder den Städten angestellt und privilegiert wurden. Weil sie keine spezielle Ausbildung hatten, ein vagierendes Leben führten und ihren Lebensunterhalt mit weltlichen Belustigungen bestritten, schieden sie als Anwärter für ein Handwerk aus. Ihre Ausgrenzung vollzog sich aber nur partiell, denn es gibt keine Hinweise, daß sie nicht heiraten, zum Abendmahl gehen und christlich beerdigt werden konnten. Direkte Diskriminierungen sind wenig belegt. In Bayern wurde 1553 bzw. 1606 einmal ein Kind enterbt, „so ohne der Eltern Willen sich in leichtfertig Übung und Buebenleben begebe, als so es ein Freyhaitsbueb oder ein Gauckler wurde, oder liesse sich, mit den Thieren zu kämpfen umb Geld bestellen".[22] Zwiespältig blieb zwar das Verhalten der Handwerker, aber wie wir aus der Biographie der berühmten Komödiantin Caroline Neuber wissen, gab es für sie keine ständischen Schranken. Gleichwohl mußte sie Chr. Thomasius ausdrücklich in ihrer Ehrlichkeit verteidigen.[23]

Zum fahrenden Volk zählten auch Leute, die ihr Leben vor-wiegend durch Kleinhandel fristeten.[24] Es handelt sich um Wanderhändler und Hausierer, die mit vielerlei kleinen Gegenständen handelten: mit Eisen- und Kurzwaren, mit Gewürzen und Früchten, mit Heilmitteln und Werkzeugen. Ihre Waren wurden allenthalben begehrt, und ohne sie wäre vor allem das Land kaum versorgt worden. Hinzu kommen diejenigen, die mit kleinen Diensten und Handfertigkeiten für den alltäglichen Lebensbedarf herumzogen: Kesselflikker, Scherenschleifer, Quacksalber, Zahnbrecher. Ihre Herkunft war unbekannt, sie wechselten auch häufig ihre Tätigkeiten, sodaß eine Grenze zu den Schaustellern nur schwer zu ziehen ist. Es gab unter ihnen gestrauchelte Einheimische und Auswärtige, vor allem Juden und Zigeuner, die von den

Obrigkeiten als „gottloß, abergläubisch, diebisch, tückisch, arglistig, geschwind und morderisch“ diffamiert wurden, was seine Wirkung auch bei einfachen Leuten tat.[25] Sie selbst und ihre Nachkommen waren selbstverständlich vom Handwerk ausgeschlossen, denn ihre Tätigkeit stand in andauerndem Verruf. Während im Spätmittelalter die Toleranzgrenze relativ hoch war, wurde ihre Ausgrenzung zum Programm des ‚Policey-Staates‘. Als herrenloses Gesindel war diese Gruppe oft vor Verdächtigung und Gefangennahme nicht sicher, im Falle eines Diebstahls hatten sie kaum eine Möglichkeit, ihre Unschuld zu beweisen. Wenngleich die Oberschicht nicht wirklich durch sie bedroht war, konnte doch gelegentlich eine „Berührung“ oder ein Verdacht verhängnisvoll sein. Als beispielsweise ein Ratsherr aus dem Fränkischen sich 1697 unwidersprochen als Scherenschleifer beschimpfen ließ, mußte er sich zur Wiederherstellung seiner Ehre vor dem Rat rechtfertigen. Es „hete ihme verdrossen“, sagte er, „daß Gehrheuser ine einen scherschleifer nominiret, dann ein scherschleifer seye ein liederlich fahrender mensch, so im land umbziehe, er aber seye ein ehrlicher burger und kein scherschleifer“.[26] Unehrlich zu sein, war ein durchaus gefährlicher Verruf, der umgehend bereinigt werden mußte.

Das fahrende Volk war durch Abdrängung in die Rechtlosigkeit in seinem Leben am stärksten bedroht. Im Unterschied zu ihm litt das unehrliche Handwerk zwar auch unter einer beträchtlichen Diffamierung durch das ehrbare Handwerk, erhielt aber in den meisten Fällen von seiten der Herrschaftsträger Schutz gegen den unehrlichen Verruf. Auch wurde seine Unehrlichkeit nicht überall und von der gesamten Gesellschaft unterstellt. Die Ausgrenzung des ‚unehrlichen‘ Handwerks begann bereits im Mittelalter, aber entschiedene Auseinandersetzungen sind erst aus dem 16. Jahrhundert bekannt. Dennoch kam es auch im Zusammenhang der Verfestigung der ständischen Gesellschaft, der Abschottung der Zünfte, nicht zu generellen Regelungen.

Die Leineweber standen schon früh in einem unehrenhaften Ruf.[27] Seit dem 14. Jahrhundert häuften sich die Verbote, Kinder von Leinewebern in die Zünfte aufzunehmen. 1388 beschlossen z.B. die Hildesheimer Knochenhauer, außer Schäfern und Müllern auch Leineweber und ihre Nachkommen auszuschließen.[28] Allgemein verbreitet war der Verruf allerdings nicht; außerdem griff die Obrigkeit schon früh zu Gunsten dieser Berufsgruppen ein. Dies ist immerhin ein Zeichen dafür, daß die ‚unehrlichen' Handwerker die Unterstützung der Obrigkeit erlangen konnten, was dem fahrenden Volk im Gegenteil dazu nie glückte. Bereits 1456 bescheinigte der Kurfürst von Sachsen den Leinewebern Zunftwürdigkeit „umb ihrer getreuer und ahnnehmender Dienst willen, die sie uns in vergangenen leuffen in feltzugen und andern williglich und rüstig gethan haben".[29] Sie sollten allen anderen Handwerkern gleichgestellt werden und damit alle zum ‚ehrlichen' Leben erforderlichen Rechte erhalten. Wenn die Obrigkeiten allerdings den Leinewebern immer wieder ihre Ehrlichkeit bescheinigen mußten – das letzte Ansuchen erfolgte noch 1731 –, dann ist dies ein Indiz dafür, daß der Verruf immer wieder aufkam. Wir können Spuren einer Verteidigung bzw. von Klagen gegenüber den Zünften bis zum Ende des 18. Jahrhunderts verfolgen. Auf zwei komplizierte Fälle sei näher eingegangen:

1. Als der Stadtschreiber von Pirna 1597 einem Bürger einen Geburtsbrief ausstellte, in dem versichert wurde, daß er von ehrlichen Eltern abstamme und nicht von unredlichen, wie es Müller, Zöllner, Barbiere, Schäfer, Bader, Leineweber, Pfeifer und Trommelschläger seien, empörten sich die Weber der Stadt über die „ganz hohe und schmerzliche Injurie", unter die unehrlichen Berufe gezählt zu werden. Die Weberinnungen aller umliegenden Städte schlossen sich zusammen und klagten beim Kurfürsten von Sachsen. Bei der in Chemnitz stattfindenden Verhandlung standen drei Vertreter der Stadt Pirna, der Bürgermeister und zwei Ratsherrn, 48 We-

bern und acht Barbieren gegenüber. Obwohl die Rechtslage nach den Reichsverordnungen klar war, dauerte die Verhandlung zwei Tage. Die Vertreter der Stadt mußten sich entschuldigen und öffentlich richtigstellen, daß die Leineweber wirklich ehrliche Leute seien. Es wurde sogar in Aussicht gestellt, bei der Erledigung einer Ratsstelle demnächst einen Weber zu wählen. Der Geburtsbrief wurde kassiert. Mit dieser Erklärung waren die Weber einverstanden. Doch währte der Triumph nicht lange: Wenige Jahre später, 1608, kam es zu einem erneuten Prozeß. Ein Schneidermeister und sein Geselle hatten zwei Leinewebermeister vor einem Gastwirt mit ehrenrührigen Worten als verfluchte kranke Leineweber und Schelme beschimpft. Als sich dies später noch einmal wiederholte, der Geselle die Weber sogar den Schindern gleichstellte, kam es erneut zur Klage vor Gericht.[30]

Der 2. Fall ereignete sich in Teterow in Mecklenburg: Als ein Ratten- und Schlangenfänger 1673 behauptet hatte, daß die Leineweber in Nürnberg den Galgen aufrichten müßten, wurde er aufgrund der Verleumdung gefangengenommen. Er wurde dazu verurteilt, die Beschuldigung gegen die Leineweber zurückzunehmen, sich auf das Maul zu schlagen und nach getaner Urfehde die Stadt zu verlassen. Alles wäre gutgegangen, hätten nicht zwei Webersfrauen dem Bestraften nachgerufen: „Da geht der Schelm mit dem Galgen auf dem Rücken und hätte doch an den Pfahl gebunden werden müssen". Darauf beschwerte sich ein Tischler: „Die Leineweber wollen dem die Ehre nehmen und haben selber keine. Denen, die den Kerl haben setzen lassen, solle der Donner davon noch ins Herz schlagen". Dann griff er den Vorwurf des Henkersdienstes wieder auf: „Und es wäre doch wahr, sie müßten die Leiter hinaustragen." Als es erneut zur Gerichtsverhandlung kam, mußte nun auch der Tischler einen Widerruf leisten und wurde darüber hinaus zu einer Gefängnisstrafe verurteilt.[31]

Die Leineweber standen keineswegs im ganzen Reich in dem Ruf der Unehrlichkeit. In manchen Städten bildeten sie eigene Zünfte, erlangten Bürgerrechte, ja waren gelegentlich sogar im Rat vertreten. Aber trotz des Schutzes von seiten der Obrigkeit drohte ihnen immer der Ruf der Unehrlichkeit.

Der Verruf der Leineweber geht auf die Zeit zurück, als sie im 15. Jahrhundert vermehrt vom Land in die Stadt zogen und in Konkurrenz zu dem städtischen Weberhandwerk traten. „Mit dem Eintritt der Dorfweber in die Zünfte wurde der Makel der Unfreiheit, der ihnen anhaftete, auf das ganze Handwerk übertragen".[32] Der Verruf der Unehrlichkeit erwies sich als geeignetes Instrument, der Konkurrenz zu entledigen. Zudem wurde dieser Verruf überaus wirksam eingesetzt. Weiterhin gründete er in der Tatsache, daß die Weber einmal nachweislich beim Bau eines Galgens mitgewirkt hatten. Jedenfalls wurden diese Gerüchte allenthalben verbreitet, was in der Tat entehrend wirken konnte. Die Nähe zum ‚unheimlichen' Galgen taucht immer wieder als Verrufsform des unehrlichen Handwerks auf.

Die Schäfer erscheinen erstmals seit der Mitte des 14. Jahrhunderts als unehrliche Leute.[33] In der Frankfurter Metzgerordnung von 1377 heißt es: „Item ein knecht, der nit eins metzelers son zu Franckefurt noch von Franckefurt burtig ist, nymmet der eins metzelers dochter zu der heiligen ee, der sal ein redelichen besiegelten brieff brengen von dem rade oder gerichte, dar er her burtig ist, das er von frommen erbern vater und muter und elich geborn und nit eins scheffers sone sij, so ferre yne wissentlich sij ungeverlich und er selbs auch einen erbern lumont habe."[34] Eine Ausgrenzung der Schäfer erfolgte im 14. Jahrhundert allerdings nur vereinzelt. Erst mit der Ausweitung des Zunftwesens wurde der Verruf im 15. Jahrhundert verbreiteter, obwohl auch zu dieser Zeit schon einzelne Schäfer, z.T. auch mit Erfolg, bei den Obrigkeiten gegen ihre Verunglimpfung protestierten. Sie konnten sich dabei auf die „Ordnung und Reformation guter Policey" des Reichs von 1548 berufen:

„Setzen, ordnen und wollen demnach, daß die Leinweber, Barbierer, Schäfer, Müller, Zöllner, Pfeiffer, Trummeter, Bader und die, deren Eltern, davon sie geboren sind, und ihre Kinder, so sie sich ehrlich und wol gehalten haben, hinfüro in Zünfften, Gaffeln, Amten und Gilden keines Wegs außgeschlossen, sondern wie andere redliche Handwercker auffgenommen und darzu gezogen werden sollen."[35] Ihre Diffamierung wird mit ihrer Schindertätigkeit begründet und breitete sich trotz der Reichsordnungen selbst außerhalb des Handwerks aus.

Als Gerber in Gotha jemanden wegen seiner Herkunft aus dem Schäferstande ausschließen wollten, entschieden die Schöffen in Jena 1636: „dass euer Vatter ein Pacht-Schaafmeister gewesen euch nit tadelhafftig machen, noch verwerffen, sondern, da sie kein andere erhebliche Ursach haben, sind sie euch, ohne fernern Aufenthalt, zu einem Meister anzunehmen schuldig, und werden in nachmahliger Verwaigerung, von der Lands-Fürstlichen hohen Obrigkeit billich darzu mit Ernst angehalten".[36] Aber nicht allein die Herkunft aus einer Schäfersfamilie diskriminierte, sondern auch die Heirat mit einer Schäferstochter. Ein Weißgerber wurde aus diesem Grunde gedemütigt und sollte auf Wanderschaft gehen. Auch in diesem Fall entschieden die Schöffen aus Jena anders: „Dieweil dann nunmehr solche drey Jahr verflossen, und ihr deren Begehren ein Genüge gethan, habt ihr euch ferner um das Meister-Recht bey ihnen beworben. So seynd euch bemeldte Weissgärber in das Handwerck und Innung zum Meister auf- und anzunehmen schuldig, und es mag solches dahero, dass euer Weib ein Schäffers-Tochter ist, oder auch, weil ihr sie vor der Verehlichung beschlaffen, nicht verwaigert werden."[37]

Selbst ein ordentliches Begräbnis konnte aus derartigen Gründen abgelehnt werden. Noch 1724 hatte sich die Gemeinde Wunsiedel geweigert, einen „Inwohner" zu beerdigen, gerade so, „als wäre er von Hutleuten oder Hirtengeschlecht". Erst als das Stadtrichteramt seinen guten Ruf urkundlich nachwies, wurde der Tote ehrlich begraben. Zwar erfolgte der Verruf nicht durchgängig, doch konnte er jeden Schäfer treffen, und nicht immer gelang es der Obrigkeit, diesen zu schützen. Ein wirksames Instrument war, sich mit Unterstützung der Obrigkeiten zünftisch zu organisieren. Nach der Schäferzunftordnung von Pfaffenhofen von 1745 hatte die Obrigkeit es „vor gut erachtet, daß obschon sonsten denen Schäfern ohnedem erlaubet, ihre Söhne redliche Handwerke erlernen zu lassen und ihre Töchter an dergleichen leut zu erheurathen, es dannoch als einen apparten articul hiermit zu inseriren".[38]

Eine weitgehende Diskriminierung der Schäfer war schon im 15. Jahrhundert erfolgt, als das ehrbare Zunfthandwerk sich ausweitete, ein Höhepunkt der Verrufe wurde trotz aller obrigkeitlichen Gegenmaßnahmen jedoch erst im 17. Jahrhundert erreicht, als die Handwerker aus Konkurrenzgründen eine strengere Zulassung durchsetzten und mittlerweile der Verruf der Schäfer selbst die Stadt erreicht hatte. Er spricht auch aus einer Reihe von Sprichwörtern: „Wenn einer zehn Jahre Schäfer war, gehört er aufgehängt." „Die Schäfer und die (...) sind Diebe, Sie haben weder Siegel noch Briefe."[39] „Zwei Schäfer gebend drei Schinder."[40] Sicherlich festigten kriminelle Delikte, vor allem Diebstähle, den Ruf der Unehrlichkeit der Schäfer, ebenso wie die Städte und die Bauern der Unstetigkeit ihres Lebens mißtrauten. Aber diese Makel waren nicht die Ursache des Verrufs, auch nicht angebliche zauberische Kräfte, über die sie verfügten. Die Unehrlichkeit war ursprünglich begründet in der Tatsache, daß die Schäfer zeitweise und auch im Auftrag der Obrigkeit Schinderdienste leisteten und durch diese Tätigkeit anrüchig wurden. Verrufen machte nicht die Aufgabe der Schäfer, ihre eigenen toten Schafe abzuziehen und zu beseitigen, sondern daß sie in Gemeinden, die keine Abdecker hatten, offiziell Schinderdienste taten. Es ist daher nicht verwunderlich, daß einerseits die Abdecker die Schäfer als Eindringlinge in ihre Rechte betrachteten und andererseits die Bevölkerung auf dem Lande die Unterschiede nur schwer wahrnahm. Es gab eklatante Fälle: Aus Benneckenstein im Harz wird berichtet, daß ein Wasenmeister einen Mann, der durch einen Schäfer ein totes Kalb hatte abziehen lassen, damit strafte, daß er sein Schindermesser in dessen Tür stieß und seinen Schinderkarren drei Wochen vor dessen Tür stehen ließ.[41]

Es kam sogar zu Klagen von seiten der Schinder, weil ihre Rechte weniger geschützt würden als die der Schäfer. Die Schinder behaupteten z.B. 1626: „daß sie (die Schäfer) nemlich eben so wohl die gestorbenen Aeser als ihrer einer abdeckten, und im Herzogthum Francken, Sachsen-Coburgischen Theils, wie auch im Marggrafthum Anspach, Baireuth, und anderer Oerter, die Schäfer nicht allein die gestorbenen Schaaf-Aeser, sondern auch wohl Pferde und anders wegthun müsten. Überdiß verrichteten die Schäfer mehr als die Feldmeister, denn wenn diese ein gestorbenes Schaaf abgezogen, so liessen sie das Aas liegen und giengen davon, jene aber die Schäfer, müsten dasselbe Aas aufhängen und wieder abnehmen, da offtermahls das Ungeziefer darinnen wimmelte, dennoch müsten sie es mit ihren Händen begreiffen und sich damit besudeln, welches abscheulich. Ja die Schäfer pflegten auch die gestorbenen Pferde und ander Vieh, so etliche Tage gelegen, heimlich abzudecken, auch die Messer, damit sie ein solches Aas zerleget, bey andern wohl ungewaschen einzustecken, und vor andern Leuten damit das Brod und anders zu schneiden, welches sie aber (die Abdecker) nicht im Gebrauch hätten. Weiter wenn die Schäfer die jungen Lämmer hämmelten, faßten sie die Sache mit den Zähnen an, und zögen sie heraus, und scheuten sich doch nicht mit andern ehrlichen Leuten aus der Kannen und andern Gefäße zu trinken. Deswegen im Stifft Halberstadt, Herzogthum Braunschweig und andern Orten mehr kein

Schäffers-Sohn oder Tochter in eine ehrliche Gülde oder zünfftig Handwerck eingelassen oder aufgenommen würde." Die juristische Fakultät der Universität Jena, der die Klage der Schinder zur Entscheidung überlassen wurde, entschied aber: „Daß ein Schäfer vermög der Reichs-Satzungen in seinem Stand so weit besser und ehrlicher, daß seine Kinder zu ehrlichen Zünften und Handwerkern gelassen würden, und dannenhero ein Prärogativ vor eurem einem habe; auch deswegen, wo ihr einem Schäfer zu nahe gegangen, zu depreciren und zu revociren schuldig."[42] Diese Verbindung mit der Schindertätigkeit war der Hauptgrund des Verrufs der Schäfer.

In unehrlichem Ruf standen aus dem handwerklichen und niederen öffentlichen Dienstleistungsbereich partiell die Bader und Bartscherer, die Müller und die Türmer bzw. Nachtwächter. Zwar waren sie alle nicht durchgängig unehrlich, denn es gab Städte und Landschaften, in denen sie diskriminiert wurden, aber auch gleichsam Orte, in denen sie sozial aufstiegen. Insgesamt finden wir nur wenig Zeugnisse einer ausdrücklichen Ausschließung aus den Zünften, auffallend ist jedoch, daß sie in zahlreichen herrschaftlichen Mandaten vom 16. bis 18. Jahrhundert explizit in Schutz genommen oder für ehrlich erklärt wurden. So muß man davon ausgehen, daß tatsächlich Ausgrenzungen erfolgten. Die eigentlichen Ursachen der Unehrlichkeit dieser Berufe sind schwer zu eruieren, sie dürften aber auf jeden Fall variieren. Allesamt gehörten sie zu den niederen Ständen, genossen nur geringes Ansehen und waren aus der ehrbaren Gesellschaft ausgeschlossen, auch wenn ihre Tätigkeit unverzichtbar war.

Bader und Bartscherer sind seit dem 14. Jahrhundert im städtischen Dienstleistungsbereich bezeugt.[43] Mancherorts wie in Hamburg, Würzburg und Zürich bildeten sie eigene Zünfte und konnten in den Rat aufsteigen, andernorts aber wurde ihnen ausdrücklich untersagt, Waffen zu tragen, und der Aufstieg ins zünftische Handwerk verwehrt, was wiederum die Obrigkeiten zu unterbinden suchten. Die Reichspolizeiordnung von 1548, das Generalprivilegium des brandenburgischen Kurfürsten von 1650 sowie selbst noch die Reichshandwerkerordnung von 1731 verboten ausdrücklich, Bader und vor allem ihre Kinder vom Handwerk auszuschließen. Auf Bitten der Bader bestätigte ihnen 1652 der Rat zu Hamburg, daß sie und ihre Kinder selbst zu den ehrlichen Handwerkern, Zünften und Ämtern zugelassen würden und daß keiner, nur weil er Bader sei, von einem Amt ausgeschlossen werden durfte.[44] In Basel konnte ein Bader zwar eine Ratsmitgliedschaft erwerben, aber damit war noch keineswegs der Berufsstand allgemein vom Ruch der Unehrlichkeit befreit. Dies zeigt ein Vorfall in den 1650er Jahren. Ein Messerschmied hatte die Tochter eines Zürcher Handwerkschirurgen geheiratet und war von seiner Zunft mit einer Buße belegt worden. Darauf fühlte sich die Zürcher Wundarztzunft in ihrer Ehre kollektiv angegriffen und verwies auf ihre Ehrbarkeit. „Wylen der Chirurgia subjecta nit sind ysenwerch oder andr derglychen sachen, sondern Corpus humanum, als daz aller Edliste geschepf Gottes Nach syme Ebenbild erschaffen".[45] Mit der Aufhebung des Heiratsverbots zeigten sich die Handwerkschirurgen nicht zufrieden. Mit den aus Wien, Leipzig, Nürnberg, Frankfurt und aus anderen Städten erbetenen Rechtsauskünften versuchte man, den Basler Rat zudem zu beeindrucken. Wie weit dies ihnen jedoch nützte, wissen wir nicht.

Aufgrund ihrer sozialen Gefährdung versuchten die Bader, sich immer wieder von anderen unehrlichen Leuten besonders stark zu distanzieren. Als 1495 ein Scharfrichter unaufgefordert zu der Hochzeit eines Baderknechts erschien – er war der Nachbar von dessen Frau gewesen –, klagte das ganze Baderhandwerk von Würzburg vor dem Rat, um dem Knecht das Handwerk verbieten zu lassen. Durch seine Verteidigung erreichte er, daß er nicht ausgeschlossen wurde, mußte aber zur Wiederherstellung seiner Ehre eine empfindliche Geldsumme zahlen.[46] Ein derartiger unfreiwilliger Umgang mit Scharfrichtern hätte allerdings auch andere in Verruf gebracht.

Die Ursachen der Unehrlichkeit der Bader und Bartscherer sind nicht eindeutig geklärt. Die Aufgaben eines Baders waren an sich umfänglich, er bereitete nicht nur das Bad und schor das Haar, sondern „schröpfte" seine Gäste, ließ sie zur Ader, behandelte Geschwüre und renkte Glieder wieder ein. An seiner Tätigkeit ist kein unehrliches Zeichen zu erkennen; zwar galt er als geschwätzig, leichtsinnig und als Trinker, aber das minderte eigentlich nicht die persönliche Ehre. Anrüchig aus der Sicht der Ehrbaren war, daß der Bader einmal wie andere unehrliche Handwerker auch keine richtige Ausbildung hatte, zum anderen, daß er Krankheiten übertragen konnte. Wir wissen, daß aus Angst vor Seuchen die Badstuben zeitweise geschlossen wurden. Vor allem aber geriet die Badstube der Frühen Neuzeit leicht in den Ruf, eine Stätte sexueller Ausschweifung zu sein. Die Grenze zwischen Freudenhaus und Badstube war seit dem 15. Jahrhundert manchmal schwer zu ziehen. Wir wissen nicht, aus welchem Grund insbesondere die Ehrlichkeit der Bader bezweifelt wurde, bekannt ist nur, daß sie und ihre Kinder, wenn sie sozial aufsteigen wollten, mit Diffamierungen rechnen mußten. Vor allem beim Aufstieg in den Ärztestand gab es, wie bei den Scharfrichtern, fast unüberwindbare Probleme.

Noch unerklärbarer ist die Unehrlichkeit der Müller.[47] Auch von ihr berichten viele Verordnungen und Handwerker-Geburtsbriefe. Sie war jedoch wesentlich auf den Osten des Reiches beschränkt, obwohl auch sonst den Müllern immer wieder vor allem im 16. und 17. Jahrhundert die Ehrlichkeit bestätigt werden mußte. Eklatante Ausgrenzungsfälle waren selten. Bekannt ist ein Fall aus Hamburg: Ein Seilermeister sollte 1686 aus der Zunft ausgeschlossen werden, weil er eine Müllerstochter geheiratet hatte. Erst das Einschreiten des Rats verhinderte den Ausschluß.[48] Dabei bildeten die Müller gerade im Spätmittelalter (nicht selten sogar zusammen mit Bäkern) ehrbare Zünfte, einige waren sogar ratsfähig. Ihre Unehrlichkeit gründete sicherlich nicht in möglichen Gaunereien, dann wären auch die Bäcker in denselben Verruf gekommen, da man sie oft genug des Betrugs überführte. Eine gewisse Rolle spielte sicherlich das zumeist abgeschiedene Wohnen an Bächen und Flüssen und die dadurch von der Dorf- oder Stadtgesellschaft wenig kontrollierbare Lebensführung. Weiterhin muß man bedenken, daß die Mühlen oft im Besitz von Grundherren waren, die unfreie Personen anstellten, so daß sich Konflikte zwischen städtischen Handwerkern und ländlich-grundherrschaftlichen Müllern ergeben konnten. Für das Gerücht, daß sie in manchen Gegenden Henkersdienste geleistet hätten, indem sie die Galgenleiter aufstellen mußten, fehlt jedoch jeder Beleg.

Ebenso schwierig ist schließlich die Unehrlichkeit der Türmer und Nachtwächter zu erklären; oft wurden beide Ämter von einer Person ausgeübt. Ihre Wohnung war uneinsehbar und ihr Leben mit der Nacht verbunden, doch dies allein erklärt nicht den unehrlichen Ruf. Auch hier spielte die Konkurrenz zwischen kleinen Türmern und den herrschaftlichen Trompetern und stadtbürgerlichen Turmbläsern im 16. Jahrhundert eine Rolle, die sich von jenen scharf absetzen wollten. Stärker allerdings wirkte sich der nicht klar umrissene Aufgabenbereich des Nachtwächters aus, der außerdem nicht kontrollierbar war. Was ihn vor allem in Verruf brachte, war, daß er öfters als Totengräber einspringen mußte, der unterschiedslos ehrbare und unehrliche Leute zu begraben hatte. Ein markanter Fall zeigt dies: In Husum war 1687 ein Scharfrichter gestorben. Als das Handwerk sich weigerte, ihn zu beerdigen, beschloß der Rat für die Zukunft, „daß alle die Leichen, die dem Raht solche Wunden gemacht“, von den

Nachtwächtern und diese wiederum von anderen Bürgern „hinausgetragen“ werden sollten. Weil die Nachtwächter aber hier als ehrliche Leute galten, weigerten sie sich, diesen Dienst auszuführen. Als nun das Kind eines Nachtwächters starb und von Handwerkern zum Begräbnis getragen werden sollte, weigerten sich diese zunächst, gaben dann aber dem Drängen des Rats unwillig nach. Ein Weißbäcker kam aus Protest, weil „Er anders nicht konte, und eine solche Leiche eines Nachtwächters unumgänglich mit tragen muste, mit den allersmutzigsten und verworfensten kleidern, als Er immer hatte finden können, aufgezogen“. Und ein anderer Bürger lief, „so bald die Leiche, die Er wieder seinen Willen mit zu Grabe tragen helfen, in das Grab eingesenket wahr, mit Unmuht und mit Hinwerfung der Schauffel davon“.[49] Die Weigerung, jemanden bei der Beerdigung zu begleiten, galt als Zeichen deutlicher Diffamierung.

Alle diese Gruppierungen galten nicht überall und gleicherweise als unehrlich, konnten aber unter bestimmten Umständen in den Verruf geraten, sonst wären sie nicht wiederholt in den herrschaftlichen Verordnungen und Handwerker-Geburtsbriefen nicht genannt. Ihre Unehrlichkeit war ein Produkt ihrer aus unterschiedlichen Gründen betriebenen Ausgrenzung. In der engeren Dorf- und Stadtgesellschaft der Frühen Neuzeit waren allgemein jene vom Verruf bedroht, die nicht seßhaft und von unbekannter Herkunft waren – deswegen mußten sich die wandernden Handwerkergesellen auch so sorgfältig ausweisen. Außerdem betraf die Ausgrenzung viele, die außerhalb der Kontrolle der Dorf- oder Stadtöffentlichkeit standen und mehr oder weniger schmutzigen, dunklen, zumindest undurchsichtigen Tätigkeiten nachgingen, so notwendig sie auch waren. Die rigideste Abschottung betrieben die Handwerker, die sich über die Ehrlichkeit selbst definierten, vor allem dann, wenn sie eine Konkurrenz befürchteten oder der Aufstieg eines Außenseiters das Handwerksgefüge erschütterte.

Zumeist brachte man die unliebsame Gruppe in Verbindung mit Tätigkeiten des Abdeckers oder des Scharfrichters. Die so Diffamierten besaßen allerdings immer einen Rechtsschutz, auch ihre Ehre durfte nicht ohne Strafe angetastet werden.

Unehrliche Leute

Scharfrichter und Abdecker

Als unehrlich und infam galten indessen die Abdekker/Schinder/Wasenmeister und die Scharfrichter/Henker. Allerdings muß das traditionelle Bild ihrer Infamie in doppelter Hinsicht korrigiert werden. Einmal implizierte die ‚offizielle' Unehrlichkeit, wie sie vor allem von seiten der Handwerker, aber auch vieler Herrschaftsträger festgeschrieben wurde, noch lange kein abgeschiedenes Leben in Ausgrenzung und Diffamierung. Zum anderen waren insbesondere die Scharfrichter keineswegs überall unehrlich; wir müssen auch hier regional stark differenzieren. Gerade zwischen Nordwest- und Süddeutschland gab es eklatante Unterschiede. Sie konnten zudem durchaus angesehene Standespersonen sein und sogar Rang und Namen erwerben. Ebenso gilt es zu bedenken, wer es jeweils war, der dem Scharfrichter bzw. dem Abdecker Unehrlichkeit bescheinigte bzw. sie als unehrliche Leute ausgrenzte. Zweifellos waren Scharfrichter und vor allem Abdecker in bestimmten Situationen nicht vor Verruf geschützt, insbesondere konnte der, der zu engen Kontakt mit ihnen pflegte, auf Grund dessen diffamiert werden. Aber per se, ‚von Natur aus' als unehrlich hatte sie kein Rechtsgelehrter bezeichnet. Auch ihre Unehrlichkeit ist nur im Kontext der Handwerkerehre deutbar.[1]

1.

In einer „Abhandlung von Handwerksgesellen und ihren Zünften" von 1752 heißt es: „Man fodert auch wohl, daß er sonst mit ehrbaren und ehrlichen Leuten nur umgehen soll, darunter man aber bey denen Gesellen viele z.E. Scharffrichter, Gerichts-Knechte, allerhand Gesellen von andern Profeßionen, die ihr Handwerck vor verächtlich hält, oder aber von einer unter ihnen vor Pfuscher, Stöhrer, schismatisch, unehrlich und anrüchtig erklärten Secte ihres Handwerks, ferner einen Gesellen ihres Handwerks der anrüchig und bemackelt, oder nicht recht regulair und vor ehrlich gehalten wird, und so fort verstehen muß. Ja sie wollen eben deswegen zum öftern demjenigen einen Flecken ihrer Ehrlichkeit anhängen, der z.E. auf einer Scharffrichters Tochter Hochzeit gewesen ... oder wenn einer bey einem Gerichts-Knecht und Häscher wohnet ... Und was hat man nicht vor Anrüchigkeit und Mackel erdichtet, wenn einer nur mit einem solchen umgehet, der etwan eine Verrichtung einer Sorte Leute, die sie vor unehrlich halten, z.E. was ein Feld-Meister thut, gethan hat. Noch ietzo hüte sich ja ein Geselle, einen todten Hund, der auf der Gasse liegt, wenn er gleich seinem Herrn gehört, nur anzugreifen und ins Haus zu schleppen ...“[2]

Das Amt des Strafvollstreckers wie auch das des Henkers war, wie gesagt, keineswegs immer und überall verdächtig oder gar entehrend.[3] Erst die Professionalisierung des Scharfrichteramtes im Zusammenhang der Entwicklung des modernen Strafverfahrens seit dem 16. Jahrhundert, in Verbindung mit anderen Tätigkeiten wie dem Foltern und Abdecken, machte diesen Beruf vor allem für Handwerker unehrlich. Die Haupttätigkeit des Henkers wandelte sich zwar im Laufe der Zeit, konzentrierte sich aber auf die Hinrichtung eines Delinquenten, die Durchführung der verordneten Folter und der öffentlichen Strafen sowie das Verscharren des Verurteilten. Verbunden damit war oft die einträgliche Abdeckerei, soweit sie nicht von einer anderen Person übernommen wurde. Gerade das Verhältnis von Scharfrichteramt und Abdekkerei bestimmte den Verruf des Henkers. Die Reinigung von Abtritten, die Ausweisung von Aussätzigen sowie die Leitung eines Frauenhauses traten seit dem 16. Jahrhundert als Aufgaben des Scharfrichters zurück. Die obrigkeitliche

Bestallung schützte nur bedingt vor Unehre, die nicht nur dem Träger des Amtes anhaftete, sondern ebenso seiner Frau und vor allem seiner ganzen Nachkommenschaft. Die ‚Ausgrenzung' bestand in erster Linie darin, daß der Scharfrichter selbst und seine Nachkommen kein ‚ehrliches' Handwerk ausüben durften. Allerdings hatten Scharfrichter selten das Interesse, ihre Kinder ins Handwerk zu bringen. Konkrete Schwierigkeiten gab es später v.a. beim Aufstieg in den Ärztestand, ein Beruf, der durch die tradierten anatomischen Kenntnisse für Scharfrichtersöhne besonders nahelag. Doch jeder persönliche Kontakt mit dem Henker oder seinen Gehilfen konnte einem Handwerker materiellen Schaden eintragen, und selbst Nichthandwerker in Verruf bringen. Die vom Scharfrichter ausgehende ‚Gefahr' übertraf zweifellos die anderer unehrlicher Leute, wenngleich man auch hier die konkrete Praxis von den juristischen Festschreibungen unterscheiden muß. Die Praxis variierte je nach Region: In manchen gab es keine Probleme, mit dem Henker zu essen und zu trinken, sogar Freundschaft zu schließen, in anderen war dies Anlaß genug, Handwerker gefährlich zu diffamieren.

Ein Bundesbrief der Bäcker verschiedener Rheinstädte ordnete beispielsweise 1513 an, „das hinfür keyn meyster in den obgnanten stetten einichen knaben oder knecht des handtwerck zu lernen uffnemmen soll, er sey dan fromme und von frommen eelewten elich gebornn, und besunder wollen wir auch, das keyn meyster under unns mit henckern, wasenmeystern oder andern untuglichen personen nit essen oder trincken sall, und yn einichen hanndell oder gewerbe gemeynschafft, oder teyl haben in zumal keinerley wyse, wye das gesyn mochte, nichts ußgenommen".[4] Und in der Polizeiordnung von Magdeburg von 1688 heißt es, „daß der Gerichts-Frohnen Kinder von der Erlernung eines ehrlichen Handwerks und Recipirung in eine Gilde oder Zunft, nicht ausgeschlossen werden, diejenigen Frohnen und Knechte aber, welche mit den Malefiz-Personen bei Peinigung, Ausführung und Hinrichtung derselben wirklich zu thun und Hand anzulegen haben, deren Kinder sollen sich der Handwercke enthalten, sie wären denn erzeuget, ehe ihre Väter zu solchem Dienst kommen".[5]

Zahlreich sind ebenfalls die Fälle, wo Handwerker und andere sich nicht an diese Regel hielten und dadurch in Verruf kamen. Dabei war der normale Kontakt mit dem Scharfrichter, der ja nicht nur Strafvollstrecker und Folterer war, sondern sich oft auch als Chirurg und Heilpraktiker betätigte – wer kannte schließlich in jener Zeit den menschlichen Körper besser als der Henker – nicht in jedem Fall entehrend; problematisch wurde es, wenn der Kontakt zu freundschaftlichen Beziehungen führte, wenn man ihn zur Taufe und Hochzeit einlud oder man umgekehrt zur Taufe, Hochzeit oder Beerdigung eines Henkers erschien oder dabei mithalf, schlimmer noch wenn man sogar in die Familie des Henkers einheiratete.

Gerade das gemeinsame Trinken und Essen brachte manchen Handwerker um seinen Ruf und seine Arbeit. Als 1567 ein Messerergeselle in Breslau zusammen mit einem Henker getrunken und gegessen hatte, wurde er nicht nur innerhalb, sondern auch außerhalb der Stadt für unredlich erklärt. Als er nach Waidhofen a.d.Ips kam, hatten ihn bereits Laufbriefe eingeholt und seine ‚Unehre' auch in St. Pölten, Wien, Steyr, Steinbach und Wels verbreitet.[6] Es wurde auch immer wieder von seiten der Gerichte darauf hingewiesen, daß ein einmaliges Essen und Trinken oder ein einmaliger Umgang nicht entehrend sei, ebenso entschied die juristische Fakultät von Jena 1621, „daß kein Nachrichter seines Standes oder Ambts halben für unehrlich zu halten. Inmassen den andern Leu-then, so mit ihm essen, trinken, und nach Gelegenheit umgehen, derentwegen ihr zukünftiges Handwerck zu leben und ihre Ämbter zu entsetzen, sich keineswegs gebühret, noch zulässlich"[7]. Und auch die Reichshandwerksordnung von 1731 hob sogar die Unehrlichkeit des Scharfrichters auf. Aber wie lange eine Berührung dennoch zum Verruf führen konnte, zeigt ein Vorfall aus Hamburg noch aus dem Jahre 1820. Ein Bauernbursche hatte mit einem Scharfrichter, ohne zu wissen, um wen es sich handelte, in einem Gasthaus Bruderschaft getrunken. Als ihm dies hinterher mitgeteilt wurde, floh er in die Einöde. Unter Hinweis auf das Reichsgesetz von 1731 versuchte ein Amtmann, die Schultheißen zu veranlassen, den Bauernburschen zu retten, bevor er verhungerte. Als diese aber ablehnten, beschloß der Amtmann selbst, den Burschen durch dreimaliges Schwenken einer Fahne über seinen Kopf wieder ehrlich zu machen. Zur Bekräftigung drückte er ihm die Hand, und beide tranken Wein aus einem Pokal.[8]

Ebenso problematisch konnte es vor allem für einen Handwerker werden, der Bitte eines Scharfrichters nachzukommen und eine Patenschaft anzunehmen, was nicht ausschloß, daß es auch Belege einer ausdrücklichen Patenschaft sogar von Ratsherren gab.[10] Die uns bekannten Fälle betrafen allerdings nicht den Scharfrichter selbst, sondern seine Knechte. So hatte 1571 einmal ein Stadtzimmermann in Ansbach dem Knecht eines Scharfrichters ein Kind aus der Taufe gehoben, was zum Aufruhr in seiner Zunft führte. Diese akzeptierte durchaus das „christliche Werk", warf dem Paten aber vor, „mit ime zur schenk gangen, mit ime geessen und aus einem drinkgeschirr gedrunken und also gemeinschaft zu ime gesucht" zu haben. Als die Angelegenheit vor den Rat kam, hob er „die sachen zu allen teilen" auf, verurteilte aber den Meister „zur abscheu auch 5 dag im turn mit wasser und brot". Damit war seine Ehrlichkeit wiederhergestellt.[9]

Ärger gab es oft, wenn die Beerdigung eines Scharfrichters oder seiner Knechte anstand. Immer wieder bezeugen Quellen, daß sich Handwerker weigerten, zu helfen bzw. dem Scharfrichter die ‚letzte Ehre' zu erweisen. Als 1677 in

Augsburg ein Knecht des Scharfrichters starb, trugen zwei Maurergesellen, Hans Georg und Franz Mozart (Wolfgang Amadeus Mozarts Urgroßvater), keine Bedenken, ihn gegen Geld zu beerdigen. Darauf weigerten sich alle ehrlichen Gesellen, neben ihnen zu arbeiten und drohten jedem Maurer, der sie weiterbeschäftigte, mit einem Boykott. Während die Gesellenlade eine hohe Geldstrafe verlangte, appellierten die Mozarts an den Rat. Sie hätten aus christlicher Nächstenliebe gehandelt. Die Gesellenlade warf ihnen vor, wegen Geld weit von der „via honestatis" abgewichen zu sein. „Eine solche berüchtigte person" zu begraben, stehe einem ehrlichen Handwerksgesellen nicht an, sie hätten es anderen handwerksunfähigen Personen überlassen sollen. Während des sechs Monate dauernden Prozesses stellten die Mozarts die Unehrlichkeit des Scharfrichters immer wieder prinzipiell in Frage. „Es sey ein falscher wahn, dz der verstorbene ... unredlich gewesen" sei, denn „ein nachrichter das schwerdt der gerechtigkait und nicht das seine NB nach belieben, sondern aus schuldigem bevelch führet".[11] Der Rat entschied zu Gunsten der Mozarts. Sie durften nicht länger boykottiert werden.

In einem zweiten Fall beschrieb ein Gerichtssekretär aus Husum 1687 ein „über alle maßen elendes und verdrießliches Spectacul" beim Begräbnis eines Scharfrichters. Zum Sargtragen hatte man nur „sechs alte ungleich gewachsene und zu einem solchen actu sehr ungeschickte Kerle" gefunden, die „mit der Leiche so abscheulich fortkamen, wie sie darunter stolperten und steneten und alle Tritte schier wolten übern haufen fallen. ... Und zu allem Wahrzeichen hätte Ihrer einer seinen alten und scheußlichen Huet in dem aufheben auf den Sarck gesetzet, und, weil Er Ihn von dannen, indem Er die Last auf den Schultern hette, nicht herunder langen konnten, und hette es ein ander wollen thun, dem wehre es eine ewige Schande gewesen, so geschah es, daß der Huet oben auf dem Sarck stehen bleiben, und sich bisz an die Grabstelle, zu Jedermanns Gelechter müssen schautragen lassen.“[12] Als der Sohn des gleichen Scharfrichters begraben wurde, kam es erneut zum lauten Protest. Zwar hatten ihm etliche Einwohner von Husum zu Lebzeiten auf Treu und Glauben versprochen, ihn zu Grabe zu tragen, auch hatte seine Witwe ein fürstliches Mandat erwirkt, daß, wenn der Rat die Bahre zuerst angreife, jeder, der sich dann dem Tragen der Leiche entziehe oder denen, die sie trügen, aufrücken würde, eine hohe Geldstrafe zu zahlen hätte. Jedoch erst als tatsächlich der Rat und der Bürgermeister die Bahre ein Stück fortrückten, erklärten sich die bestellten Leichenträger bereit. Dennoch machten sich drei wieder davon, so daß der Geistliche aus den Zuschauern drei Personen zum Tragen bewegen mußte. Es gab ein unsägliches Nachspiel: Als nach der Beerdigung die Ausgerissenen bestraft werden sollten, „so ist nicht zu sagen, wie die Sache nachgehens in die Lenge und in die Krumme getrieben und was dem Raht dadurch für Sorgen und Hertzeleid zu vieler ehrlichen Leute indignation zugezogen worden“. Die Betroffenen begründeten ihre Flucht damit, daß sie auf „einseitig ingeholte Zeugnussen“ hin vom Leichentragen befreit sein sollten. Der Rat mußte nachgeben.[13]

Wenn schon der alltägliche und zufällige Umgang mit Scharfrichtern zu unberechenbaren Konflikten führen konnte, so waren umso mehr die meisten Berührungen mit dem Henkersamt selbst höchst ehrenschädigend. Kaum jemand, der mit der Folter zu tun gehabt hatte, ob er nun unschuldig war oder eine Strafe erlitten hatte, konnte seine frühere Tätigkeit einfach wieder aufnehmen. Schon der Verdacht eines Verbrechens machte für das Handwerk und darüber hinaus anrüchig. Gerichte wurden eingeschaltet, um zu entscheiden, ob eine betroffene Person noch handwerksfähig war. Als ein Handwerker in Halle 1543 wegen einer Beschuldigung der Unzucht „torquirt“ und zu einer Gefängnisstrafe von 14 Tagen verurteilt worden war, entschieden die Magdeburger Schöffen, daß er „an dem gesuchten Bürger- und Meister-Recht nicht gehindert werden (mag), sondern ist dazu billig zu lassen“.[14] Ein gleiches Urteil fällte 1624 die juristische Fakultät in Jena. Ein Schustergeselle wurde der Teilnahme an einem Straßenraub verdächtigt und deshalb der Tortur unterzogen. Als er losgesprochen und wieder auf freien Fuß gesetzt worden war, wollte ihn seine Zunft nicht wieder aufnehmen. Das Gericht bescheinigte ihm jedoch, daß „die ausgestandene Peinlichkeit euch an euren Ehren, gutem Nahmen und Handwerck, gestalten Sachen nach unschädlich“ sei.[15] Schließlich entschied ein Gericht 1640 im Falle eines Schusters aus Saalfeld, der wegen eines Totschlags abgestraft worden war, „so seyd ihr jedoch bey so gestalten Sachen, wegen der erlittenen Tortur nicht infamis worden, sondern auch euer Schuster Handwerck ins künfftige zu treiben, ehrliche Gesellen zufördern, Jungen zu lehren und in der Meister-Zusammenkunfft zu gehen befugt“.[16] Nicht zuletzt konnte es einem Handwerker Schaden bringen, wenn er einem verurteilten Kollegen das ‚letzte Geleit‘ geben wollte. Ein Maurergeselle wurde 1713 zu einer Geldstrafe verurteilt, weil er einen anderen Maurergesellen, der zum Tode verurteilt worden war, zur Richtstätte begleitet hatte.[17]

Weitgehend tabuisiert waren der Galgenplatz und alles, was mit dem Folterwerkzeug der Henker und der Richtstätte zu tun hatte. Untersagt war es den Handwerkern lange Zeit, einzeln gegen Geld dem Henker zu helfen bzw. das Hochgericht zu reparieren. Das Wagner-Handwerk in oberdeutschen Städten hatte 1599 beschlossen: „Es soll auch ... kein Meister und Gesell, unter uns ein Rad oder Hoch-Gericht, nicht helffen auffrichten, oder sonst einige Anleitung darzu geben, ob ihm schon solches zu thun vor seiner Obrigkeit, aufferlegt und befohlen wäre, auff solchen Fall solle er sich, daß es wieder Handwercks Gebrauch, und demselben zum größten Nachtheil gereichen thäte, beklagen und fleissig darvor bitten, wäre aber einer der solches wie obstehet, muthwillig verbricht, demselben Meister und Gesellen, solle das Handwerck so lang er lebt verbotten seyn, da er aber ... je darzu von der Obrigkeit gezwungen, soll er einen Weg als den andern in der Meister und Gesellen hohe Straff verfallen, die wir uns in alle Weg vorbehalten haben wollen.“[18]

Stets hatte sich das Handwerk dagegen gewehrt, am Bau eines Galgens mitzuwirken, selbst wenn die Obrigkeit es dazu nötigte bzw. Unversehrtheit garantierte. Bereit waren die Handwerker, vor allem die Zimmerleute, erst, wenn das ganze Handwerk teilnahm und sie nach der Errichtung wieder offiziell ehrlich gemacht wurden. Diese ‚Galgenfeste‘, die den Bau einer Richtstätte umrahmten, bildeten einen festen Bestandteil in der städtischen Kultur.[19] Als 1681 in Hallstadt ein Galgen errichtet werden sollte, ging es in einem feierlichen Zug zur Richtstätte. Voraus zogen die Zimmerleute, dann der Bürgermeister mit den Ratsverwandten, die Schöffen und Schultheiße aus dem Gericht, dann folgten die Maurer und Schmiede, Wagner und Müller, Bäkker und Schreiner, schließlich die Leineweber, „denn es müssen alle Handwerker dazu helfen, ausgenommen die Metzger“. Den Handwerkern folgten Feldscher, Fähnrich und Trommler vor der ganzen bewehrten Bürgerschaft. Der Zug führte dreimal um die Gerichtsstätte, Bürgermeister und Rat mußten beim Grundlegen mit zugreifen. Das Mittagessen fand anschließend unter freiem Himmel statt. Nach der Fertigstellung „mußte der Fehndrich die Fahnen auf jeder Ecke oben auf dem Gericht drey Mahl über dy Handwerksleuth schwingen und die Bürgerschaft drey Mahl Salut geben“. Das Zeremoniell endete mit einem dreimaligen Umzug um das fertiggestellte Hochgericht.[20] Beim Neubau des Prangers und des steinernen Galgengerichts in Kiel zogen 1761 die Maurer mit fliegenden Fahnen, Trommeln und Pfeifen, dann die Zimmerleute, Schmiede wie auch die Tischler, in feierlichem Aufmarsch von den Stadtmusikanten abgeholt, von ihrer Herberge zur Arbeitsstätte. Voraus schritten dem Zug die beiden Ratsherren, die den ersten Schlag taten, um die Arbeit ehrlich zu machen. Auf Kosten der Stadt wurden die Handwerker während der ganzen Dauer der Arbeiten verpflegt und mit Bier, Branntwein und Tabak versehen.[21] Dieser Aufwand versteht sich nur aus der Angst vor der Unehrlichkeit, die ausgeschlossen war, wenn alle Handwerker zusammen mit Vertretern des Stadtregiments mitmachten und die Arbeit kostenlos erfolgte.

Die Scharfrichter führten wie andere ‚Stände' ein eigenes Leben, aber nicht, wie man früher annahm, außerhalb der Gesellschaft. Sie genossen volle Achtung von seiten der Obrigkeit. Sie konnten zwar kein Bürgerrecht wie andere herrschaftliche Beamte erhalten, ebensowenig Ehrenämter ausüben, dafür aber ungestört ihren verschiedenen Tätigkeiten, u.a. als Chirurg, nachgehen und relativ große Vermögen anhäufen. Der Scharfrichter nahm auch an der Geselligkeit der Stadt teil und war nicht vom kirchlichen Leben ausgeschlossen. Er durfte ebensowenig wie andere Stände grundlos gescholten werden; er sollte sich zwar einer ständischen Kleidung bedienen, aber wie andere fügte er sich kaum dieser Ordnung. Seine uns aus Abbildungen der Zeit bekannte Henkerskleidung trug er nur bei Amtshandlungen. Die erkennbare Bildung fester Familientraditionen ist nicht Produkt der Unehrlichkeit, sondern fügt sich in die Sozialstruktur der Zeit ein, in der Selbstrekrutierung und Berufsvererbung gängig sind. Das starke Standesbewußtsein der Henker leitet sich ab aus ihrem Können und dem obrigkeitlichen Amt.[22] Dieser Tatbestand schloß nicht andere Traditionen aus, von voller sozialer Anerkennung bis zur latenten Ausgrenzung, die oft, wie gesagt, mehr von der Breite der Tätigkeiten abhing als vom Scharfrichteramt selbst. Aber die Tatsache, daß Reichsordnungen von der ‚Unehrlichkeit' der Henker überhaupt sprachen und die Unehrlichkeit in den ständischen

Konflikten der Zeit zum Problem werden konnten, weist darauf hin, daß das Scharfrichteramt keineswegs ein ‚normales' Amt war.

Nach den bisherigen Forschungen gab es beträchtliche regionale Unterschiede, die sich auch zeitlich wandelten. Bekannt sind die Unterschiede zwischen Nord- und Süddeutschland. Bereits 1585 hatte ein Reisender aus Ulm über Lübeck berichtet: „Nun wirdt der Nachrichter an denen Orthen nicht von anderen Leuten abgesondert, wie wohl bey uns beschieht. Da er geht zu Gesellschaften und Zünften, sitzt neben ehrlichen Leuthen zu Tisch, jedoch hat er sein besonders Thrinkgeschirr. Und daß noch mehr, wan etwa eine Gesellschaft sich befindet von Bürgern und anderen ehrlichen Leuthen, gehn sie zu ihm in seine Behausung, bey ihm zehren. Da er Bier zu schenken pflegt. Welches bey uns ein seltsam Ansehen haben würde, aber Landes Art, Landes Manier."[23]

Zum anderen wird beobachtet, daß seit dem 18. Jahrhundert die Diffamierung des Scharfrichters nicht ab-, sondern eher zunahm, obwohl die staatlichen Ordnungen seine Unehrlichkeit öffentlich aufhoben. Dies erklärt sich einerseits aus dem Bemühen von Scharfrichtern, in den Ärztestand aufzusteigen, wogegen dieser sich wehrte, andererseits aus dem Bemühen der Staaten, den Handwerkern ihre Sonderrechte zu nehmen, damit die Unterschiede zwischen ehr-lich und unehrlich aufzuheben, wogegen vermehrt die Handwerker protestierten. Insofern ist im 18. Jahrhundert die Frage der Unehrlichkeit der Scharfrichter eine ausschließliche Sache von Handwerkern und Juristen, was sie vorher nicht war.[24]

Den Wandel der obrigkeitlichen Einstellung verdeutlichen die herrschaftlichen Verordnungen, nach denen keine soziale Gruppe (außer den Abdeckern) vom Handwerk ausgeschlossen sein sollte. Nach der sächsischen Polizei-, Kleider- und Handwerkerordnung von 1661 durften nicht nur die Leineweber, Barbiere, Schäfer, Müller, Zöllner, Pfeifer und Bader, sondern auch die Trompeter, Stadt- und Landknechte nicht vom Handwerk ausgegrenzt werden, „wenn sie eheliche Geburt darthun können und sich sonst ehrlich verhalten". Am „aller wenigsten" aber sollten die „Richter und Gerichtspersonen, die bei denen von Adel und Rittergüthern auf dem lande das Beistehen verrichten müssen, oder ihre Kinder von ehrlichen handwerkszünften deßwegen ausgeschlossen werden".[25]

Wiederholt und verstärkt wird dieses Ansinnen in der Reichshandwerkerordnung von 1731: „Als hat es dabey allerdings sein vestes Bewenden, und sollen berührte Constitutiones künfftig durchgängig genau befolgt, nicht weniger auch die Kinder derer Land- Gerichts- und Stadt-Knechte, wie auch derer Gerichts- Fron- Thurn- Holtz- und Feld-Hüter, Todten-Gräber, Nacht-Wächter, Bettel-Vögten, Gassen-Kehrer, Bade-Feger, Schäfer und dergleichen, in Summa keine Profession, und Handthierung, dann bloß die Schinder allein, biß auf deren zweyte Generation, in so ferne allenfalls die erstere eine andere ehrliche Lebens-Arth erwählet, und darinn mit den Ihrigen wenigst 30. Jahr lang continuiret hätten, ausgenommen, verstanden, und bey denen Handwerckeren ohne Weigerung zugelassen werden".[26]

Die Unehrlichkeit des Scharfrichters entwickelte sich weitgehend mit der Ausbildung des frühmodernen Strafsystems und der Professionalisierung des Henkeramtes. Trotz seiner obrigkeitlichen Aufträge und hochentwickelten handwerklichen Künste wurde der Henker anrüchig, weil er mit unehrlichen Verbrechern körperlich zu tun hatte, sie foltern oder töten mußte und weil er oft gleichzeitig das recht einträgliche Geschäft und Amt des Abdeckers innehatte. Zwar minderte sich seine Unehrlichkeit, wenn er für das ‚dreckige' Geschäft Knechte anstellen konnte, die folterten und tote Tiere abzogen, aber stets blieb sein Amt in der Handwerkerwelt anrüchig.

2.

Am untersten Rand der unehrlichen Leute stand der Abdecker, auch Wasenmeister, Feldmeister oder Schinder genannt, der ebenfalls zwar einer für die Gesellschaft unverzichtbaren Tätigkeit nachging, aber höchst anrüchig war.[27]

Er war dafür zuständig, totem Vieh die Haut abzuziehen und es zu beseitigen, nicht selten mußte er auch die zum Tod Verurteilten verscharren und Selbstmörder beerdigen. Hinzu kamen noch andere gemeindliche, aber nicht minder anrüchige Tätigkeiten wie die Abortreinigung. Nicht selten war die Abdeckerei einem Scharfrichteramt untergeordnet, aber es gab sie auch unabhängig von diesem Amt.

Die Unehrlichkeit des Abdeckers hat die Reichshandwerksordnung von 1731 noch ausdrücklich bestätigt, nur sollten „biß auf deren zweyte Generation, in so ferne allenfalls die erstere eine andere ehrliche Lebens-Arth erwählet, und darinn mit den Ihrigen wenigst 30 Jahr lang continuiret hätten, ausgenommen, verstanden, und bey denen Handwerckeren ohne Weigerung zugelassen werden“.[28] Erst die Reichsordnung Josephs II. von 1772 machte den Abdecker offiziell ehrlich, „nunmehro ein gleiches für die Kinder der sogenannten Wasenmeister und Abdeker zu gestatten, und dergestalt zu ordnen sey, daß die Kinder und Abkömmlinge solcher Leute, welche diese verwerfliche Arbeit noch nicht getrieben haben, noch treiben wollen, von den Handwerken und andern ehrlichen Gesellschaften und Gemeinheiten nicht auszuschließen, mithin die Söhne von den Handwerksmeistern, ohne daß es einer dießfallsigen Legitimation bedürfe, gleich anderer redlicher Leute Kinder, unbedenklich in die Lehre zu nehmen, und für Handwerks- auch der Meisterschaft fähig anzusehen seyen, die Töchter aber ohne zu besorgen habenden mindesten Vorwurf, sich an Handwerksleute und andere ehrliche Personen verheurathen können. Wonebst auch jene, welche die verabscheute Arbeit ihrer Eltern und Vorfahrer würklich getrieben haben, solcher aber sich entziehen wollen, von den Handwerks-Innungen auch nicht auszuschließen ..."[29]

Bis zu dieser Ehrlichmachung, aber auch noch über diese Zeit hinaus, bildete der ‚Stand' der Abdecker die einzige soziale Gruppe der Unehrlichen, die kaum die Chance besaß, ins Handwerk aufzurücken oder generell von der Bevölkerung akzeptiert zu werden. Aus diesem Grunde fanden sich auch viele Abdeckerkinder unter den Räuberbanden des 18. Jahrhunderts. Sicherlich grenzte das städtische Handwerk die Abdecker am stärksten aus, doch auch auf dem Lande wirkte der Verruf. Er war so endgültig, daß es wenige Belege für die Beschwerde eines Abdeckersohns gibt, weil er als Unehrlicher nicht ins Handwerk aufgenommen wurde. Auch die Obrigkeit hatte nur begrenzte Möglichkeiten, einen Abdecker bzw. dessen Sohn dem Handwerk aufzuzwingen. 1542 kam es deshalb in Augsburg sogar zu einem Aufruhr. Nach dem Ratsprotokoll wäre es einem Abdeckersohn fast gelungen, sich im Weberhandwerk einschreiben zu lassen, „und aber die Knappen als sie ain solches erfaren nit gedulden wollen und sich deshalben in der obern und undern Stat zusamen versamelt und rottiert, haben meine Herren, die Bürgermeister und ain erbar Rath mit höchstem ernst und bewegenlichen, davon geredt und einhelliglichen erkennt, und angesehen, das das erbare handtwerck von webern mit des abdekers Sun, khainswegs beladen, sondern entlich abgeschafft werden solle." Der Abdeckersohn war nicht zu rehabilitieren.[30] Umso zahlreicher sind die Bemühungen einzelner, die durch Kontakte mit Abdeckern von ihren Zünften ausgeschlossen oder durch Tätigkeiten, die dem Abdecker vorbehalten waren, unehrlich geworden waren.

Seinem Ruf entsprechend, wohnte der Abdecker weitgehend abseits der Ansiedlungen, gemeinsames Feiern war kaum möglich, eine Patenschaft für ein Abdeckerkind zu übernehmen anrüchig und an seiner Beerdigung teilzunehmen verboten. Der Abdecker galt im vollsten Sinne als infam, nicht nur für Handwerker, sondern auch für die Obrigkeit. Er konnte nicht nur kein Bürger werden, sondern auch nicht als Zeuge auftreten, so redlich er im moralischen Sinne sein mochte. Gegen die Verletzung seiner Ehre konnte er sich kaum wehren. Wie schandhaft es war, einen anderen als Schinder zu bezeichnen, bezeugen die Beleidigungsklagen vor Gericht. Die Ausführung von Tätigkeiten, die dem Abdecker vorbehalten waren, konnte ihrerseits zu der gleichen Infamie führen. Dies nahm manchmal geradezu groteske Züge an: 1626 wollte eine Schlachterinnung in Erfurt einen Jungen nicht zum Handwerk zulassen, weil der Bruder seiner Mutter früher einmal ein Pferd abgezogen hatte. Über die juristische Fakultät von Jena erwirkte der Vater des Jungen nur mit Mühe die Aufnahme.[32] In Eisenberg hatte 1673 ein Tuchmacher einem Mitbürger seine Pferde ausgeliehen, damit dieser ein gefallenes Pferd zum Abdecker hinausfahren konnte. Die Mitmeister hielten dies jedoch für ehrenrührig und wollten ihn bestrafen. Es kam zu langen Verhandlungen. Diesmal entschied die Fakultät zugunsten der Mitmeister.[33] Als ein Schinder 1743 mit seinem Karren vom Verscharren eines gehenkten Diebes zurückkam, ließ sich ein Handwerksmann von ihm seinen Mist auf den Acker schaffen. Als die Sache bekannt wurde, erklärten ihn die Handwerker für unehrlich und weigerten sich sogar, seinen eben verstorbenen Sohn zu begraben. Seinem Einspruch wurde allerdings stattgegeben.[34]

Eine vermutete oder unterstellte Nähe zur Tätigkeit der Abdecker brachte Schäfer, Gerber und sogar Schuster in Verruf. Schuster, die die Haut eines verendeten Stück Viehs abziehen und gerben ließen, um sie zu Schuhen und Stiefeln zu verarbeiten, konnten von der Zunft nicht toleriert werden. Auch Gerber mußten vorsichtig sein. Die Reichshandwerksordnung von 1731 bezeichnete es als Mißbrauch, „daß die Roth- und Weiß-Gerber an theils Orten, wegen Verarbeitung der Hunds-Häuten, auch sonsten unter sich habender unnöthiger Irrungen einander aufftreiben, und die jenige, so dergleichen nicht verarbeiten, die andere für unredlich halten, dahero auch haben wollen, daß die Handwercks-Pursch, welche an der gleichen Orthen gearbeitet, von denen andern sich abstraffen lassen sollen".[35]

Als Eingriff in das ‚Handwerk' des Abdeckers wurde nicht nur das eigenmächtige Abziehen der Häute toter Tiere betrachtet, sondern, weil der Abdecker oft auch der Fänger und Töter von streunenden Hunden und Katzen war, bereits die willentliche bzw. unwillentliche Tötung eines Hundes oder einer Katze.[36] Die Überlieferung dieses Tatbestandes ist reichhaltig. Ein Breslauer Krämer hatte 1510 einen Hund in Notwehr getötet. Als ihn darauf die Innung ausschloß, beschwerte er sich beim Rat der Stadt: Er habe weder um des Geldes noch um anderer Vorteile willen den Hund erstochen, vielmehr sei er von dem Hund angefallen worden. Das Gericht entschied zu seinen Gunsten.[37] Einem Schneiderlehrling aus Schweidnitz wurde 1551 das Handwerk gelegt, als er einen Hund verjagen wollte, einen Hammer nach ihm warf und ihn tödlich traf. Die Obrigkeit hielt auch dies für keinen Anlaß zum Zunftausschluß, da die Tötung nicht vorsätzlich erfolgt war.[38] Anders 1633 in München: Als ein Bäcker-Lehrling von drei streunenden Hunden verfolgt wurde, tötete er unglücklicherweise einen von ihnen mit einem Stein. Darauf wollte ihn der Gerichtsdiener in die Abdeckerei schicken: „weiln er einen Hundt umbgebracht, miesse er des Abdeckhers khnecht werden". Noch konnte der Lehrling diesem Schicksal entkommen, als er drei Gulden Entschädigung zahlte und bat, daß die Sache nicht „offenbar" werde. Dieser Freikauf war nicht von Dauer, die Angelegenheit kam vor Gericht. Es ist fraglich, ob der Lehrling beim Handwerk bleiben konnte; davon wird jedenfalls nicht berichtet.[39]

Drei junge Fleischergesellen hatten 1692, als sie aufs Land nach Vieh geschickt wurden, unterwegs im Wald ein totes

Tier gefunden, das sie für einen von einem Förster angeschossenen und verendeten Wolf hielten. Sie nahmen es mit ins nächste Dorf, um es dort auszuweiden und einem Dorfschäfer zu übergeben, der es enthäuten sollte. Als dieser nun feststellte, daß es sich nicht um einen Wolf, sondern um einen großen, grauen Bauernhund handelte, flohen die Gesellen. Die Sache wurde aber ruchbar, und die ganze Gesellschaft des Wohlauischen Fürstentums verlangte die Unehrlichkeitserklärung der Gesellen. Der um Rat gebetene Schöffenstuhl hielt den Ausschluß der Gesellen für nicht berechtigt, „weil sie sich aber gegen das tote Aas nicht behutsamer gehalten und den verkannten Wolf gegen Handwerksgewohnheit ausgeweidet hetten, möge die Zunft sie zur Vermeidung aller fernern Ungelegenheiten mit einer erträglichen Handwerksstrafe belegen".[40] Bei einem Wolf hätte es keine Probleme gegeben. Das Verbot galt offensichtlich nur bei Haustieren.

Schließlich durfte auch keiner, vor allem kein Handwerker, einen Selbstmörder vom Strick abschneiden oder aufheben und zu Grabe tragen. Selbstmord galt als ein extrem ehrenrühriges Vergehen, und dementsprechend hegte man einem Selbstmörder gegenüber große Scheu und Verachtung. In der Regel durfte nur ein Scharfrichter oder Schinder die Selbstmörder beerdigen.[41]

Aas selbst zu beseitigen, seine Haut abzuziehen und zu verwerten, Hunde zu töten und einen Selbstmörder zu beerdigen, machten einen Handwerker in der Regel unehrlich, auch wenn der Abdecker seinerseits nichts dazu tat. In besonders gravierenden Fällen – zumal es oft auch um einen Verdienstausfall ging – wurde der Abdecker selbst aktiv, wenn man ihm ins Handwerk pfuschte. Er konnte sein Messer in den Türpfosten des Pfuschers stecken und Geld von ihm erpressen, denn auf keinen Fall durfte dieser das Messer selbst entfernen. Ein weiteres Mittel war, daß er ihm einen Karren vor die Tür stellte, so daß jeder seine Schande sehen konnte. Von diesem Verruf konnte man sich nur schwer befreien, er galt als die schwerste Ehrverletzung.

Der soziale Ausschluß, der ja nicht nur den einzelnen Abdecker selbst traf, sondern seine ganze Familie, führte wie im Fall der Scharfrichter, aber aufgrund anderer Ursachen, zur Abschließung und Ausbildung ganzer Abdeckerfamilientraditionen.

3.

Die ‚Unehrlichkeit' bildete in der frühneuzeitlichen Gesellschaft zusammenfassend gesagt, kein geschlossenes, von allen getragenes System der Ausgrenzung unliebsamer, geächteter sozialer Gruppen.[42]

Einmal handelte es sich bei den ‚unehrlichen Leuten' selbst um keine einheitliche Gruppe. Ihre Ausgrenzung von der ständischen Ehrbarkeit erfolgte wie gezeigt aus verschiedenen Motiven und Gründen, die sich außerdem nach den Interessen, die das einfache Volk, das ehrbare Handwerk und die Obrigkeit am Verruf dieser Leute hatten unterscheiden lassen. Allgemein handelte es sich um bestimmte Gruppen, die aufgrund ihrer Herkunft und ihrer Tätigkeit keine ehrenhafte Stellung in der Ständegesellschaft innehatten und von ständischer Ehre und sozialem Aufstieg ausgeschlossen waren, so wichtig ihre Tätigkeit für das gesellschaftliche Leben auch war.

Das System der Unehrlichkeit galt dennoch nicht überall und zu allen Zeiten gleichgewichtig. Spuren der Unehrlichkeit finden wir bei einzelnen ‚Berufen' schon im frühen Mittelalter, wie überhaupt die Idee der Unehrlichkeit wohl in der Handwerkerwelt der mittelalterlichen Städte geboren wurde. Aber erst bei der Ausbildung und Ausbreitung des Zunftwesens verbreiteten sich vor allem durch die wandernden Gesellen auch ausgrenzende Normen, so daß ein einmal ausgesprochener Verruf eine ganze Berufsgruppe oder sogar Zunft in Unehre bringen konnte. Zwar gab es schon früh obrigkeitliche Eingriffe, die der Ausweitung der Verrufe – allerdings nur beim unehrlichen Handwerk im eigentlichen Sinne – eindeutige Grenzen setzen wollten und hier und da auch Erfolge zeitigten, doch eine wirksame Abschaffung bzw. Relativierung setzte erst im letzten Drittel des 18. Jahrhunderts ein. Nicht primär die Reichshandwerksordnung von 1731 brachte dabei eine Änderung mit sich, vielmehr die Wirtschaftspolitik der absolutistischen Staaten, die die Untertanen nicht mehr nach ehrlicher oder unehrlicher Tätigkeit, sondern nach den neuen Kriterien fleißig und faul unterschieden wurden. Nur die Unehrlichkeit der Scharfrichter und Abdecker blieb im Alten Reich nach langer Zeit offiziell erhalten. Ein Höhepunkt der Ausgrenzung wurde während des 16. und 17. Jahrhunderts erreicht.

Zwar wissen wir bisher wenig über die räumliche Ausbreitung des Verrufs unehrlicher Arbeiter, aber alle Indizien weisen darauf hin, daß die Ausgrenzung regional höchst unterschiedlich gehandhabt wurde. Dies hing wesentlich ab von den Interessen und der Macht der Zünfte, aber auch vom Einfluß obrigkeitlicher Regelung. Das Zunftsystem war nicht überall gleich rigide ausgebildet, in den Reichsstädten sicherlich stärker als in den kleinen Landstädten, auch hatten die Herrschaften unterschiedliche Möglichkeiten, ihre Interessen gegen das Handwerk durchzusetzen. Gab es also beim sogenannten unehrlichen Handwerk Unterschiede, so fiel das fahrende Volk fast überall der Diskriminierung anheim, während der Abdecker/Henker allgemein und besonders lange anrüchig blieb. Das Phänomen der Unehrlichkeit hatte je nach gesellschaftlicher Gruppe und Region ein sehr unterschiedliches Gesicht und unterschiedliche Bedeutungen.

Der Blick auf die ‚unehrlichen Leute' erfaßt allerdings noch keineswegs das ganze Spektrum der Infamie. Ausgesperrt waren auch diejenigen, die durch ein bestimmtes

Vergehen unehrenhaft wurden und dann zeitlebens stigmatisiert blieben.

Eine einfache Zurückführung der Unehrlichkeit auf ursprüngliche Unfreiheit reicht als Erklärung dieses Phänomens ebensowenig aus wie die Begründung in „urtümliche(n) Sakral- und Kultkomplexen, die durch den siegreichen Kirchenglauben in die Bannzone der Verfemung und Verdrängung gerieten".[43] Dafür ist das Phänomen der Unehrlichkeit einzelner Berufe viel zu heterogen und zu jungen Datums. In der Regel war die Herkunft und das Fehlverhalten einer Person oder einer Gruppe quasi ‚vererbbar'. Wir kennen dies besonders beim Verdacht der Hexerei. Es gibt sicherlich zahlreiche Gründe, warum das fahrende Volk als unehrlich galt. Hier spielten neben der Unstetigkeit fehlende Ausbildung und unklare Herkunft eine wichtige Rolle, vor allem der Verdacht unredlicher, ja krimineller Tätigkeit. Beim unehrlichen Handwerk gab es wie gesehen wiederum andere Ursachen. Herkunft und Ausbildung waren hier zwar gesicherter, bedeutsam für den Verruf wurde neben der oft unsauberen, stinkenden Tätigkeit, die zudem noch außerhalb der sozialen Kontrolle der Dorf- oder Stadtgemeinde stattfand, eine unterstellte Nähe zu den Tätigkeiten der Scharfrichter und Abdecker.

Zum vollen Verdacht der Unehrlichkeit reichte es jedoch in der Regel die Nähe zu betrügerischen und dreckigen Geschäften nicht aus; voll traf der Verruf erst, wenn ein unmittelbarer Bezug zum Amt des Scharfrichters bzw. des Abdeckers gegeben war, deren Tätigkeit allgemein, wenn auch mit unterschiedlicher Intensität, als infamierend betrachtet wurde. Allerdings konnte dies auch ein Vorwand sein. Dabei war die Beseitigung des toten Viehs wie auch der Vollzug der Todesstrafe keineswegs an sich entehrend, anrüchig waren die Hilfeleistungen nur, wenn sie nicht professionell betrieben und durch ein offizielles Amt gerechtfertigt wurden. Während also das Scharfrichteramt selbst nur bedingt unehrlich im wahrsten Sinne des Wortes machte, galt das Abdeckeramt uneingeschränkt als infam. Das tote, nicht geschlachtete Vieh durfte von niemand anderem berührt werden, weil es verwest bzw. seuchenbehaftet sein konnte. Die Angst vor Ansteckung tabuisierte die Tätigkeit des Abdeckers voll und ganz, und daran partizipierten nicht nur Schäfer, Gerber oder Bader, sondern alle, die – wenn auch nur zeitweise – in das Handwerk eines Abdeckers pfuschten.

Es sind also zum größten Teil plausible, konkret greifbare Gründe zu nennen, warum der Abdecker unehrlich war. Ein „sakral-magischer Kern" ist dagegen nur bedingt nachzuweisen, und selbst die Verbindung mit ‚magischem' Verdacht stellt ein eher spätes zusätzliches Produkt der Infamierung dar. Den ‚rationalen' Ursprung der Unehrlichkeit unterstreicht ein besonderer Tatbestand: Immer wieder wurde behauptet, daß die unehrlichen Leute gerade wegen ihrer heilkundlichen Tätigkeit gefürchtet und gemieden wurden. In der Tat läßt sich nachweisen, daß Abdecker, Scharfrichter, Schäfer, Bader u.a. über beachtliche medizinische Kenntnisse verfügten und deshalb oft heimlich oder öffentlich aufgesucht wurden, aber seltsamerweise hat man diese Tätigkeiten niemals als Grund ihrer Unehrlichkeit genannt. Auch sollte man annehmen, daß diese, wenn sie wegen ihrer ‚ärztlichen' Tätigkeit unehrlich geworden wären, verstärkt in den Verdacht der Hexerei oder Zauberei hätten geraten können. Diese Verbindung ist ebensowenig nachweisbar wie umgekehrt erwiesen ist, daß die Gruppe der Unehrlichen unter den der Hexerei verdächtigten Personen auffallend unterrepräsentiert erscheint. Nicht ihre volksmagischen Praktiken brachten die Abdecker in Verruf, sondern ihr Umgang mit Abstrafungen und totem bzw. krankem Vieh, für den sie im übrigen recht gut besoldet wurden.

Waren Scharfrichter und Abdecker aufgrund ihrer Tätigkeiten anrüchig und von allen gemieden, so erklärt sich die Unehrlichkeit der anderen unehrlichen Handwerker nicht per se durch ihre Arbeit, sondern durch einen Verruf, den ein Handwerk durch seine Verbindung zum Scharfrichter bzw. Abdecker auf sich zog. Dieser Verruf erfolgte nicht immer; er war ja auch von seiten der Obrigkeit seit dem 16. Jahrhundert verboten. Nicht jeder Bader oder Schäfer, Müller oder Türmer verfiel in Unehrlichkeit bzw. war ausgegrenzt vom ehrbaren Handwerk –, aber der Verruf war ein ideales Mittel, unliebsame Konkurrenten zu verdächtigen und auszuschalten und den Zugang zum eigenen Handwerk einzuschränken, wenngleich dies nicht so häufig praktiziert wurde, wie man hätte annehmen können. Wenn wir zugleich bedenken, daß der Verruf vor allem in der Zeit der Verfestigung der Ständegesellschaft im 17. Jahrhundert und im 18. Jahrhundert als Reaktion auf staatliche Angriffe gegen die Ständegesellschaft erfolgte, daß also die meisten Ausgrenzungen in dieser Zeit der Konkurrenz praktiziert wurden, dann relativiert sich die These von der notwendigen Ausgrenzung aufgrund einer als anrüchig eingeschätzten Arbeit. Daß das Handwerk seinen Nachwuchs nach der Herkunft auswählte und zur Sicherung der eigenen Familien andere ausgrenzte, ist keineswegs überraschend, erfolgte die Zulassungen zu ehrbaren Ständen in der Ständegesellschaft doch fast ausschließlich über die Herkunft. Dies gilt nicht nur für das Handwerk, sondern gleicherweise auch für das Patriziat und den Adel. In der voraufklärerischen, ständisch strukturierten, ständisch denkenden wie handelnden Gesellschaft wurde der Wert einer Arbeit nicht unabhängig von ihrem Hersteller betrachtet und bewertet. Gute Arbeit – d.h. ehrliche Arbeit – konnte nur jemand von ehrbarer Herkunft leisten; die Familie und der Stand garantierten die Qualität ebenso wie Können und Leistung.

Aus der Unehrlichkeit herauszutreten war nicht leicht, aber durchaus möglich. Hilfe dazu leisteten allgemein weniger die Zünfte, die nur in ‚leichteren' Fällen und gegen Geld einen Handwerker wieder redlich machten, als vielmehr die städtische Obrigkeit, die fürstlichen Herrschaftsträger und ihre Gerichte.[44] Sie konnten punktuell einen Verruf aufheben oder einen ganzen Berufsstand sogar privilegieren und dadurch ehrlich machen; wie wenig allerdings die ehrbaren Zünfte dies akzeptierten, zeigt die Wirkungsgeschichte der Reichshandwerksordnung von 1731. Wer nicht ausreichend Geld besaß, um sein Recht einzuklagen, mußte lange mit einem Verruf leben, denn die Macht der Zünfte blieb bis Ende des 18. Jahrhunderts erhalten. Sosehr die Obrigkeiten gerade die Mißbräuche bei der Ächtung der Scharfrichter und Abdecker immer wieder anprangerten, blieb doch die Berührung mit diesen Welten noch bis weit ins 19. Jahrhundert hinein in besonderer Weise verpönt.

Als der Sohn des Frankfurter Scharfrichters, der Arzt Dr. Hofmann, der in Marburg, Göttingen und Straßburg studiert und in Medizin promoviert hatte, 1766 in seiner Heimatstadt um Aufnahme in die Frankfurter Ärzteschaft bat, wurde er zunächst als „Abkömmling des Abscheus der menschlichen Gesellschaft, welcher durch seine Knechte Pferde abziehen und Äser schinden, der s.v. stercore humano fett und reich wird und Hunde totschlagen lässet“, abgelehnt.[45] Erst als er mit der Klage beim Kaiser drohte, gab die Stadt nach und ließ ihn zu.

In seiner Gegenvorstellung heißt es: „Ich wiederholte in meinem betrübten Herzen dasjenige, was ich vor und gegen mich in den Schriften meiner Herren Gegner und meinen Beantwortungen gelesen hatte und erschrak über die Folgen, welche man daraus ziehen muss, wenn man weniger als ich überzeugt ist, daß Ihre Wohlgeborene von meiner Ehrlichkeit andere Begriffe haben müssen. Ich stellte mir mein Unglück vor, ich überdachte den Fleiss, welchen ich durch die Gnade Gottes auf die Wissenschaften gewendet, die Mühe, die ich mir gegeben, das Glück, welches ich gehabt von dreien Universitäten in die Zahl ihrer akademischen

Bürger aufgenommen zu werden, den Rang und die Ehre, welche man mir in Straßburg, auf einer kaiserlich privilegierten hohen Schule ohne Widerrede erteilt und beweinte mein Schicksal, daß alles dies umsonst sein soll und dass man dem ungeachtet einen gewissen Schandflecken von meiner Geburt auf mich ableiten und dem Volk als verachtet und unwürdig vorstellen will. Also hat meines Vaters Stand einen Flecken, welcher auf mich unschuldigen Menschen, der sich seinen Vater nicht hat wählen können, fortgepflanzet wird? Aber darf man meinen Vater mit unredlichem Namen benennen? Also ist der Mörder oder Dieb ehrlicher, da die Kinder dieser Leute unter die Anzahl der Bürger, Ärzte, der Gelehrten, der Graduierten ohne Bedenken aufgenommen werden. Ehrlicher als derjenige und die Kinder dessen, welcher dem Mörder auf Geheiss Gottes und der Obrigkeit das Schwert bringt und den Störer der öffentlichen Ordnung und Sicherheit durch gesetzliche Mittel aus dem gemeinen Wesen weg schafft."[46] Diese Argumente hätten die Handwerker der Stadt sicherlich nicht überzeugen können. Eher konnte in der Tat ein Henkerssohn städtischer oder fürstlicher Beamter werden, als ein ehrliches Handwerk ausüben.

Ehrverlust durch Schandstrafen

1.
Wenn jemand gegen eine öffentliche Verleumdung nicht protestierte und seine Ehre nicht notfalls vor Gericht wiederherzustellen suchte, also nicht auf seinen öffentlichen Ruf achtete, konnte dies ihm, seiner Familie und seinen Arbeitsmöglichkeiten beträchtlich schaden. Dasselbe galt, wenn man zu ‚enge' Beziehungen mit unehrlichen Leuten pflegte, vor allem mit dem Abdecker. Für einen Handwerker konnte es Ausschluß aus der Zunft bedeuten, für ein Ratsmitglied den Verlust seiner Ämter; selbst ein Bauer konnte nicht walten, wie er wollte, zumindest tangierte unredliches Verhalten seine Heiratspolitik. Selten erfolgte allerdings mit dieser Diffamierung gleich ein Ausschluß aus der Gemeinschaft.

Eine weitgehende Ausgrenzung und deutliche Infamierung geschah allein durch ein offenkundiges Verbrechen und dessen öffentliche Bestrafung durch die Obrigkeit bzw. einen Henker. In diesen Fällen – und sie waren nicht selten – gab es in der Regel für den Betroffenen keine Rückkehr zu ‚normalen' Lebensverhältnissen. Eine öffentliche Infamierung bedeutete den politischen und sozialen Ausschluß aus der Gemeinde, d.h. ein Delinquent (auch wenn er nicht zum Tode verurteilt wurde) verlor nicht nur seine Bürgerrechte, sondern jedes soziale Ansehen. Er konnte weder Zeuge noch Pate werden und seine Familie nicht mehr versorgen. Am gravierendsten war, daß er nicht nur in persona unehrlich war, sondern alle, die weiterhin mit ihm zu tun hatten, verunehrt werden konnten, auch seine Familie und Verwandtschaft. Wenn nicht bei schweren Vergehen gleich der physische Tod die Folge war, wurde die Körper- und Ehrenstrafe oft mit der Landesverweisung verbunden.

Zum Verständnis der infamierenden Wirkung der Verbrechen und Strafen in der Frühen Neuzeit muß man zunächst allgemein die ,ehrlichen' von den ,unehrlichen' Verbrechen und Strafen unterscheiden.[1] Diese Unterscheidung nahmen nicht nur die Obrigkeit und ihre Juristen vor, sondern ebenso auch das Bürgertum, der Adel und das einfache Volk. Ein unehrliches Verbrechen war immer ein Delikt, das heimlich und in böser Absicht erfolgte, dazu gehörten die Hauptdelikte Diebstahl und Mord, die deswegen auch am härtesten bestraft wurden. Totschlag und Raub galten hingegen als ,ehrliche' Verbrechen. Dieser Unterscheidung korrespondiert diejenige in unehrliche und ehrliche Strafen. Die offene, wenn auch schwerwiegende Tat, vor allem eine Affekthandlung, wurde in der Regel mit dem Schwert bestraft, was ein ehrliches Begräbnis auf einem christlichen Friedhof ermöglichte, wohingegen böswillig verübte Taten mit dem Galgen oder mit Verbrennung oder Ertränken gesühnt wurden. Diese Hingerichteten erhielten kein ,ehrliches' Begräbnis, zumeist überhaupt kein Begräbnis, weil ihre Körper der Luft, dem Feuer oder Wasser übergeben wurden, um jede Erinnerung auszulöschen. Auch wenn man annehmen könnte, daß ein Schwerverbrecher die Art seiner Hinrichtung egal war, so widersprechen dem die Gnadengesuche von Delinquenten wie ihrer Verwandten. Dabei ging es nicht um eine Begnadigung von der Todesstrafe, sondern um eine Hinrichtung mit dem Schwert. Sie wurde oft gewährt, womit eine christliche, d.h. ehrliche Beerdigung möglich war. Da man selbst tote Verbrecher noch einem Strafritual unterzog, war es nicht gleichgültig, wie die Zerstörung bzw. Vernichtung des Übeltäters und damit auch seines Vergehens erfolgte. Eine ehrliche Strafe durch das Schwert tangierte auch weniger die Ehre einer Familie, so daß gerade der Adel darauf drängte. Außerdem war man überzeugt, daß unehrliche Tote die Ruhe des Friedhofs stören würden. Verstorbene zählten nämlich nach wie vor zur lebenden Gemeinde.[2] Während höhere Stände stets mit dem Schwert gerichtet wurden, verallgemeinerte sich diese Hinrichtungspraxis seit dem 17. Jahrhundert.

Es waren jedoch nicht nur die Tat und die Strafe, die einen Menschen unehrlich machten, sondern es spielte auch eine Rolle, daß die Strafe vom Henker vollzogen wurde. Bereits vor der eigentlichen Bestrafung konnte eine eventuelle Folter den Delinquenten diffamieren. Deswegen erhoffte ein Delinquent vom Gericht nicht nur eine Begnadigung zur Schwertstrafe, sondern eine Schonung vor der körperlichen Pein. Seine Angst war weniger durch die Schmerzen begründet als durch den Ehrverlust, der mit der Strafe verbunden war. Das betraf vor allem die Unschuldigen, die trotz Folter kein Bekenntnis abgaben; wir kennen dies aus der grausamen Geschichte der Hexenverfolgung. Wenn ihre Ehre nicht ausdrücklich wiederhergestellt wurde, mußten alle, die die Folter überstanden, mit einem Stadtverweis rechnen.[3] Die strafrechtliche Berührung mit dem Henker erlaubte keine Wiedereingliederung in die Gesellschaft. Nicht wenige Delinquenten wünschten sich nach einer Folter, auch wenn sie sich unschuldig wußten, in klarer Erkenntnis der sozialen Folgen, den Tod, d.h. die Hinrichtung, um nicht ein Leben in Infamie führen zu müssen. In St. Gallen schrie 1671 eine Frau, die wegen Unzucht und unehelicher Schwangerschaft ins Gefängnis kam und gefoltert wurde, man solle sie nur gar töten; jetzt sei sie doch für ihr Lebtag „henkersmäßig".[4] Die gleiche Furcht trieb auch diejenigen Verurteilten, die nach der Urteilsverkündigung begnadigt wurden. Stets erfolgte dann ein Landesverweis. Doch war es zumeist unmöglich, auch anderswo seßhaft oder gar wieder ehrlich zu werden.

2.

Zur Zerstörung der Ehre kannte die Frühe Neuzeit ein eigenes Strafsystem, das der sog. Ehren- und Schandstrafen, die durchaus zahlreich belegt sind, sosehr die Geldstrafe aus monetären Gesichtspunkten oft favorisiert wurde.[5] Wie hart eine Schandstrafe empfunden wurde, bezeugen viele Quellen. Als ein Halbmeier und sein Vater aus der Lippischen Grafschaft zu einer Schandstrafe verurteilt wurden, weil sie einen Schäfer schwer mißhandelt hatten, klagte der Sohn: „Mein alter Vater welcher 75 Jahr in dieser Welt mit Ehren gelebet hatte, wurde am Sontage, dem 31. M.p. (1773) an den Pfal geschleppet, woselbst er drei Stunden lang zur Schau stehen und sich halb zu Tode grämen mußte".[6] Ebenso klagte eine alte Frau, die den verstorbenen Amtsrat verleumdet hatte und zum Stehen am Schandpfahl verurteilt worden war, 1778: „In meinem Alter von einigen 60 Jahren noch vor dem gantzen publico einer solchen beschimpflichen Strafe ausgesetzt zu werden, ist zu empfindlich, und für meine nahen Verwandten ebenfalls kränkend".[7]

Das frühneuzeitliche Strafsystem war nicht nur höchst komplex, sondern es gab auch phantasiereiche Verbindungen verschiedenster Strafarten. Das betraf nicht nur die Todesstrafe mit ihren verschiedenen Ritualen, sondern gleicherweise den ganzen Bereich von Schand-, Ehren- und Körperstrafen. In ihren Symbolen spiegelt sich der Umgang mit sozialer Abweichung und kriminellem Verhalten wider, der nie eindeutig zu bestimmen ist, aber überall spielte die Ehre bzw. Unehre eine große Rolle. Denn selbst dann, wenn ein Gericht jemandem nur eine Lektion erteilen wollte, tangierte es seine Ehre, ohne daß allerdings unbedingt soziale Folgen aufzuspüren sind. Sicherlich gab es viele Geldstrafen für kleine Delikte, die nicht verunehrend wirkten, wie überhaupt vom Gericht zu einer Strafe verurteilt zu werden, nicht per se Schande und Schaden einbrachte. Dann wäre die Zahl der Verunglimpften in der Dorf- und Stadtgesellschaft der Frühen Neuzeit so angewachsen, daß das soziale Gefüge unkontrollierbar geworden wäre. Dafür war auch das Gericht lange zu sehr eine Entscheidungsinstanz der dörflichen oder städtischen Gesellschaft selbst, in der gemeindliche und herrschaftliche Interessen weitgehend harmonierten. Die Proteste der Bevölkerung gegen falsche Beurteilungen und Urteile waren deshalb gering. Sicherlich gab es auch das Gefängnis mit seinen unmenschlichen Zuständen, allerdings galt Gefängnishaft selten als eine ausdrückliche Strafe. Nur in Verbindung mit offiziell beschlossenen Strafen oder der Folter konnte es der Ehre schaden.[8]

Das Zentrum des Strafsystems, das nicht zum Tode führte, bilden die Schand-, Ehren- und Körperstrafen. Die Körperstrafen zählen dazu, da sie keineswegs allein Schmerzen zufügen, sondern gleicherweise die Ehre des Delinquenten treffen sollten. Auch wenn quantitativ das Bündel der Ehrenstrafen nicht an erster Stelle frühneuzeitlicher Strafen stand, sie in manchen Regionen sogar nur marginal ausgeprägt sind, betreffen sie die Hauptidee der Ehrengesellschaft der Frühen Neuzeit.[9] Die Schand-, Ehren- und Körperstrafen strikt voneinander zu trennen, ist schwierig. Welche dieser Strafen eindeutig infamierend wirkte, kam auf die jeweiligen Fälle an. Deswegen muß hier sehr differenziert werden. Keinesfalls führten sie unbedingt zur endgültigen Ausgrenzung, viele Strafaktionen dienten, wie gesagt, nur dazu, einen Denkzettel zu verpassen, ohne daß jemand dadurch Schaden an seiner sozialen Stellung nahm. Damit man sie aber einerseits nicht zu leicht nahm, andererseits angesehene Stände nicht leichtfertig bloßstellte, war man bei den oberen und mittleren Ständen insgesamt sehr vorsichtig. Statistisch gesehen traf das System der Ehrenstrafe vor allem mehr die Unterschichten, wobei allerdings fraglich ist, ob diese überhaupt in der Ehre so stark getroffen werden konnten. Wichtig war den Gerichten insbesondere, in der Öffentlichkeit für alle vorzuexerzieren, welche Untaten generell bestraft wurden. Der abschreckende Charakter der Ehren- und Körperstrafen war sicherlich groß, vielleicht sogar noch größer als der von Hinrichtungen. Daß

kleine Vergehen an der Ehre und am Körper abgestraft wurden, konnte jeden auch eher treffen als die Verurteilung für schwere Verbrechen. Insofern war das Strafsystem ein starkes Mittel der sozialen Kontrolle und unterschied sich in vielem nicht vom Rügebrauch (Charivari) der verschiedensten sozialen Gruppen.[10]
Aufgrund der überschaubaren Örtlichkeiten der frühneuzeitlichen Gesellschaft war es nicht schwierig, enge soziale Grenzen zu ziehen und jedes abweichende bzw. störende Verhalten zu registrieren und zu ermahnen, wobei das soziale Prestige des Einzelnen darüber entschied, ob es zu einer Verfolgung oder zur öffentlichen Rüge kam.[11] Allerdings wurde in dem Maße, wie die obrigkeitlichen Anstrengungen die ganze Strafpraxis zu monopolisieren versuchten, das Gericht zur zentralen von allen akzeptierten Disziplinierungsinstanz.

Auf der untersten Stufe der Abstrafung gab es zunächst öffentliche Verweise, Widerrufe und Abbitten. Bei leichten Vergehen, bei Unruhestiftung, leichter Beleidigung, beim Glücksspiel, beim Fluchen oder Verfluchen, wurde neben Geldstrafen ein öffentliches Verweis verhängt. Letztere Maßnahme der Obrigkeit war noch keineswegs entehrend. Schwerwiegender war es, wenn der Täter einen öffentlichen Widerruf oder eine Abbitte leisten mußte, so bei Verleumdungen, Beleidigungen, Ehrabschneidung wie bei leichter Gotteslästerung oder öffentlichem Ärgernis, Unzucht oder Betrug. Dies konnte vor Gericht, d.h. ohne Öffentlichkeit geschehen, oder auf dem Marktplatz, so z.B. ein dreimaliges Niederknien, um dabei die Erde zu küssen, was zumeist als Entwürdigung aufgefaßt wurde. Bei Männern gab es gelegentlich auch ein Gasthausverbot, bei Frauen die Aufforderung, „die Gemeinschaft ehrbarer Weiber“ zu meiden.[12]

Der Erfindungsreichtum bei der öffentlichen Verwarnung kannte oft keine Grenzen. Es gab bei Männern wie Frauen die Strafe, die Haare zu scheren oder die Kleider zu kürzen. Nicht selten wurden Vergehen auch mit dem Tragen schimpflicher Trachten gesühnt. Da Kleider öffentliche Zeichen der jeweiligen Standesehre waren, die nicht beliebig ausgetauscht werden konnten, verlor jemand durch die schimpfliche Tracht sein öffentliches Ansehen.[13] Ehrschädigend wirkte auch, wenn eine Frau wegen Streitigkeiten mit dem öffentlichen Stehen mit der Geige – einem Holzscheit um den Hals – bestraft wurde, oder vor allem Männer bei kleinem Betrug oder Diebstahl in den Stock gesteckt wurden.[14] Damit wurden sie dem Spott der Menschen auf der Straße ausgesetzt. Immer wenn eine Strafe öffentlich vollzogen wurde, wirkte sie ehrkränkend, ohne daß die Betroffenen in diesen Fällen jedoch dauerhaft stigmatisiert waren. Denn nach Abbüßung der Strafe durfte man den Betroffenen wegen dieses Geschehens weder weiterhin hänseln noch schmähen. Ob dies jedoch stets eingehalten wurde, ist mehr als fraglich. Selbst das ehrliche Handwerk zog im Falle öffentlicher Verwarnungen seine Grenze auch nicht zu eng, sonst hätte es kaum Gesellen bekommen oder behalten. Alle diese Schandstrafen wurden zumeist vom niederen Gericht verhängt und nicht von einem Henker selbst durchgeführt, sondern von einem Stadtknecht oder Büttel, was die Wiedereingliederung der Bestraften zumindest theoretisch ermöglichte. Sie machten ihn also nicht infam, sondern dienten nur dazu, die Untat sichtbar zu machen.

Wie gravierend die verschiedenen Kirchenstrafen waren, die im Zuge des Umbaus des frühneuzeitlichen Strafsystems immer mehr von weltlich-obrigkeitlicher Seite her verhängt wurden, wissen wir nicht genau.[15] Von kirchlicher Seite handelte es sich um eine Sühneaktion, de facto war sie aber in ihrer Wirkung eine empfindliche öffentliche Ehrenstrafe. Ehrschädigend war das Sitzen auf einem besonderen Stuhl in der Kirche oder das Kerzentragen in einem Büßergewand vor der Kirche während einer festgelegten Zeit als Sühne für eine Gotteslästerung oder ein sittliches Vergehen. Viele sahen im 18. Jahrhundert in diesen Kirchenstrafen einen Hauptgrund für den Kindsmord; die unehelichen Mütter hätten in der Tötung des Kindes einen Weg gesucht, dieser Schande zu entgehen, hieß es, und ihre Anstellung nicht zu verlieren.[16]

Sosehr alle diese Schandstrafen durchaus die Ehre der Täter treffen sollten, ohne ihn damit aus der Gemeinschaft bewußt auszuschließen, reagierten Stadt- und Dorfgemeinschaften konkret doch unterschiedlich empfindlich. Auch wenn das Gericht verbot, jemanden nach einer ausgestandenen Strafe weiter zu behelligen, blieb doch die Rufschädigung für besonders ehrbare Stände wie das Patriziat und Handwerk lange bestehen. Zumeist drängten diese deshalb auch darauf, die Untat mit einer Geldstrafe abzugelten. Unproblematischer für die Sozialstruktur vollzogen sich die Strafaktionen gegen Unterschichten, Außenseiter und Fremde, die im Ort ‚wenig' Ehre besaßen und durch deren Verhalten sich keine ständische Gruppe belastet fühlen mußte. Ihre Funktion bestand allerdings neben der unmittelbaren Bestrafung auch darin, den ehrbaren Ständen, die kaum vor Gericht kamen, einen Spiegel vorzuhalten, sie also zu warnen und zu disziplinieren.

Als eigentliche Ehrenstrafen, von deren Schande sich niemand leicht befreien konnte, galten das „Halseisen" und das „Steinetragen".[17] Bei „freventlichem Schwören", bei Gotteslästerung, Hehlerei, Betrug, auch bei Diebstahl und Ehebruch bzw. Unzucht wurden zumeist Frauen zum Tragen der symbolträchtigen Lastersteine verurteilt oder in ein Halseisen gesteckt und öffentlich durch die Stadt oder über den Markt geführt, wobei oft sogar ein Trommler den Zug begleitete. Die Steine konnten je nach Vergehen unterschiedlich schwer sein und eine Aufschrift mit Bezügen zum begangenen Delikt tragen: „Wer Lust zu Streit und Hader hat, der muß dies tragen durch die Stadt" oder einfach „Erzverleumder" oder „Ehrendieb". Bei einem derartigen Umzug waren die Täterin oder der Täter dem Gespött der Bewohner ausgeliefert und mußten jede Beleidigung von seiten des Publikums hinnehmen.

Insgesamt wurden diese angedrohten Ehrenstrafen aber nicht häufig verhängt, denn die Obrigkeit wußte, wie wirkungslos die Strafen wurden, wenn sie allzuoft Anwendung fanden. Bereits im frühen 17. Jahrhundert empfahl Christoph Besold, die Ehrenstrafen ganz abzuschaffen, „weil dadurch dem Diebstahl und anderen Lastern nicht allein nicht gewehret, sondern vielmehr Anlaß gegeben würde, daß hernach solche zu Schanden und unehrlich gemachte Leuthe es noch viel ärger, wie zuvor, trieben, wenn nicht besonders begründen." An ihre Stelle empfahl er, die Übeltäter „ad opus publicum, oder zu gemeinen bauen und arbeiten, condemniren."[18]

Auf die meisten Vergehen stand für Männer zumeist eine öffentliche Prügelstrafe, die sich sogar zu einem öffentlichen Rutengang ausweiten konnte, d.h. zu einem Gang durch die Stadt, während dem der Delinquent seiner Standeskleider beraubt und hart geschlagen wurde. Die Zahl und Härte der Schläge sowie die Länge des Weges bemaßen sich nach der Schwere der Delikte. Die Rute gehörte zu dem großen Komplex der Körperstrafen und entehrte aber zumeist den Täter so sehr, daß eine Integration in die Dorf- oder Stadtgesellschaft kaum mehr möglich war. Vor allem wenn das Schlagen auf den Rücken deutliche Spuren hinterlassen hatte, waren die Beschuldigten damit auch äußerlich so stigmatisiert wie bei der Strafe des Brandzeichens.

Die meisten dieser Ehrenstrafen waren mit einem Stadtverweis verknüpft, d.h. der Stadtknecht führte den Täter nach der öffentlich vollzogenen Entehrung aus der Stadt und ließ ihn unter Androhung einer härteren Strafe schwören, nicht mehr zurückzukehren. Der Verweis erfolgte ausdrücklich auf eine Zeit von ein, zwei oder drei Jahren, er konnte aber auch für ewig gelten. Manche Täter wurden ohne zusätzliche Ehrenstrafe unmittelbar aus der Stadt verwiesen: Auf jeden Fall bedeutete ein offizieller Stadt- oder

Landesverweis eine Infamierung, die eine Rückkehr in alte Verhältnisse kaum mehr möglich machte. Für viele beinhaltete er den sozialen Tod, weswegen man mit vielen Tricks nach einiger Zeit heimlich zurückzukehren versuchte. Im Prinzip konnte eine Stadt in so einem Fall durchaus eine Begnadigung aussprechen, doch war dies nur bei Einheimischen denkbar, die über ein breites soziales Netz verfügten, das für sie bürgte.[19] Ein Gnadenerlaß galt jedoch nur für eine Minderheit, die Mehrzahl der von einer Stadt Ausgewiesenen gesellte sich zu den vielen unbehausten Vaganten, Bettlern und Diebsbanden, die die Straßen in der Frühen Neuzeit bevölkerten.

Es kam nicht selten zu tragischen Situationen. Über einen ungewöhnlich hartnäckigen Rückkehrversuch hatte die Helmstädter Juristen-Fakultät 1675 zu entscheiden. Weselmann, ein Harburger Dieb, wurde wegen verschiedener Diebstähle, nach geschworener Urphede „mit Staupenschlägen ewig des Landes verwiesen." Als er wiederkam, wurde er nochmals „ausgestäupet und des Landes verwiesen. Dessen ungeachtet kömmt er doch wieder, da man ihn ins Gefängniß geleget, einen Galgen auf den Rücken gebrant, wieder eine Urphede schweren, und abermahl das Land verweisen lassen. Er blieb aber dennoch nicht zurück, drum man ihm die beyde Finger abschlug und ernstlich darbey verwarnete, wenn er wieder kommen würde, solte ihm ohne alle Gnade der Kopf abgeschlagen werden. Es konte ihm doch dieses nicht abschrecken, noch zurück halten, drum ihm auch das Schwerd zu erkant wurde, welches aber der Hertzog in opus publicum, und daß er in Ketten und Banden arbeithen solte, verwandelt. Nachdem er aber bey der Arbeit die Ruhr bekommen, ist er, damit andere nicht von ihn angestecket würden, in sein Hauß gelassen worden, doch mit dieser Andeutung, daß wenn er wieder seine Gesundheit erlangete, er sich aus dem Lande weg packen solte; hat aber damahls nicht geschworen. Als er wieder aufkommen, und aus dem Lande sich weg begeben, gehet er doch wieder hinein, und wird in einen Krug oder Schencke, darinnen er sich mit einen andern Kerl geschlagen, ertappet, zur Haft gebracht, und befraget: warum er, wieder seine vielmahl geschworene Urphede, so offt wiederkehret sey? Da gab er zur Antwort: er könte den Orth, draus er verwiesen, nicht meiden, wüßte auch nicht, ob er mehr, als zweymal geschworen. Drauf oblöbl. gedachte Juristen Facultät, wegen ein und ander Umstände, erkant und ausgesprochen, daß man Weselmannen zwar mit der Todes-Straffe verschonen, doch aber Zeit seines Lebens bey der Arbeit, wozu er eynmahl condemniret, lassen möchte."[20]

Der Stadt- bzw. Landesverweis zählte mit oder ohne vorhergehender Ehren- oder Körperstrafe zu den häufigsten Bestrafungen. Durch ihn konnte sich eine Stadt recht einfach und ungeniert möglicher Probleme vor allem durch Fremde entledigen. Das Urteil fand zumeist auch Unterstützung von seiten der Gemeinde, die durch ihre Gegenwart auf der Straße am Vollzug der Strafe mitwirkte. Der Stadtverweis konnte Männer und Frauen treffen, alte Leute ebenso wie Jugendliche, Unverheiratete und Verheiratete. Letztere wurden nicht selten mit Frau und Kindern aus der Stadt verwiesen, da man fürchtete, daß sie sonst immer wieder zu ihrer Familie zurückkehren würden. Konkret wurde diese Strafe zumeist an fremden und nicht sonderlich ehrbaren Personen vollstreckt, die kein „Mitleid" erwecken konnten. Landesverweis war aber nicht nur die Hauptstrafe für leich-tere Vergehen, die nicht peinlich bestraft wurden, sondern auch die Buße, die gnadenhalber anstelle der Todesstrafe ausgesprochen werden konnte. Von Begnadigungen machte die Obrigkeit recht häufig Gebrauch, vor allem, wenn Fürsprachen vorlagen. Nicht zuletzt war der Landesverweis auch das billigste Verfahren; es gab keine kostspielige Hinrichtung, für die man hätte sogar einen teuren Scharfrichter von außerhalb besorgen mußte.[21]

In der Frühen Neuzeit existierte somit ein höchst ausgetüfteltes System der Ehrenstrafen mit den verschiedensten Sanktionen, wodurch man auf die unterschiedlichen Delikte flexibel reagieren und dabei sowohl die Geschlechterdifferenz wie die soziale Position eines Delinquenten berücksichtigen konnte. Wer viel besaß, konnte viel verlieren; das soziale und materielle Kapital war dabei kaum voneinander zu trennen. Ein Handwerker oder Patrizier verlor durch ein infamierendes Delikt nicht nur sein symbolisches Kapital, sondern zumeist auch seinen materiellen Besitz. Das materielle Gut, das jemand besaß, wurde durch die Ehre der Inhaber zu einem Gut seines Standes und seiner Person. So wie man mit der Ehre und dem Ansehen einer Familie operieren konnte, konnte ein Verruf in der Familie auch eine Karriere, die Annahme eines höheren Amtes etwa unmöglich machen. Deswegen mußten ehrbare Familien alles Augenmerk und jede Strategie darauf wenden, daß bei einem Vergehen ihre Ehre so wenig als möglich angetastet wurde. Geldstrafen, selbst eine Hinrichtung mit dem Schwert, konnte man hinnehmen, aber niemals eine öffentliche Bloßstellung am Pranger – und tatsächlich wußte die städtische Ehrbarkeit dies auch fast immer geschickt zu umgehen.

Die Ehrenstrafen sind schwer zu trennen von den sog. Körperstrafen; jede öffentlich vollzogene Körperstrafe machte bekanntlich unehrlich, ja infamierte sogar, so daß ein sozialer Ausschluß meist die Folge war. An oberster Stelle stand natürlich der Staupenschlag oder die Züchtigung mit der Rute, die oft unabhängig oder verbunden mit einer Prangerstrafe verhängt wurde. Wollte man insbesondere Jugendlichen nur einen Denkzettel verpassen, wurde die „Ausstäupung" nicht öffentlich vollzogen.

Bekannte Körperstrafen waren weiter das Abhacken der Hand oder von Fingern, das Ohrenabschneiden und Brandmarken, die aber allesamt nur selten außerhalb der Pranger- und Hinrichtungsprozeduren praktiziert wurden. Auch hier spiegelten sich die begangenen Vergehen wieder. Das Handabschlagen erfolgte zumeist bei Meineid, Körperverletzung mit bleibendem Schaden für das Opfer, bei Falschspiel und schwerem Betrug. Das Abschneiden von Fingern galt als abgeschwächte Form des Handabschlagens, das später zunehmend überhaupt anstelle des Handabschlagens trat. Wie schwerwiegend diese Strafe war, resultiert aus der Tatsache, daß in der Frühen Neuzeit kaum eine handwerkliche Tätigkeit ohne beide Hände möglich war, man also nach erfolgter Abstrafung keinen anerkannten Beruf ausüben konnte. Die Schande war zeitlebens sichtbar, dennoch gelang es manchem, die Ursache des Handverlustes zu verschleiern, denn er konnte auch durch Kriegseinwirkungen, bei Gewalttätigkeiten und v.a. durch einen Unfall erfolgt sein, weswegen gelegentlich um „Gutachten" über den Grund des Verlusts einer Hand oder eines Fingers angesucht wurde. Während das Handabschlagen vor allem an Männern vollzogen wurde, erfolgte eine zweite Körperstrafe, das Ohrenabschneiden, vor allem an Frauen, insbesondere bei Diebstahl und Betrug. Dies wurde aber als nicht so gravierend empfunden, weil die langen Haare bzw. eine Haube das Fehlen eines Ohres leicht verbergen konnten. Die öffentliche Diffamierung hielt sich in Grenzen und führte nicht unmittelbar zur Ausweisung.[22]

Als besonders hart wurde das Brandmarken empfunden und bewertet, das wie die anderen Körperstrafen in Süddeutschland weiter verbreitet war als in Nord- und Ostdeutschland. Vor allem bei Diebstahl brannte man dem Täter ein Zeichen auf die Backe oder den Rücken, manchmal durchstach man auch die Backen. Damit die Narbe gut sichtbar blieb, streute man Pulver in die Wunde. Zweifellos sollte die Strafe Schmerzen verursachen, vor allem aber ging es darum, einen Verbrecher auf Lebzeiten zu kennzeichnen. Hierfür bediente man sich oft eines Galgensymbols, eines Buchstabens oder des Wappens der strafenden Stadt. Das eingebrannte Zeichen des Galgens wies auf die ehrvernichtende Drohung der Hinrichtung hin. In der Regel bedeutete gerade das Brandzeichen den radikalen Ausschluß, die Infamie. Die Kunstgeschichte kennt hierfür einen bekannten Fall. Veit Stoß, der große Nürnberger Bildschnitzer, wurde mit diesem klassischen Stigma der Infamie, dem Brandmal gezeichnet, als er einen Schuldschein gefälscht hatte.[23] Zunächst sollte die Todesstrafe gnadenhalber in eine Blendung umgewandelt werden. Aufgrund verschiedener Fürbitten wurde schließlich stattdessen eine Brandmarkung durchgeführt. Sein bedeutender Name als Künstler hatte diese Ausnahme ermöglicht. Zugleich mußte Veit Stoß schwören, Nürnberg im Unterschied zu anderen Gebrandmarkten nicht zu verlassen. Als aber kein Geselle bei ihm arbeiten wollte, wurde Stoß meineidig und floh aus der Stadt, bat jedoch von außerhalb den Rat der Stadt um Verzeihung. Durch einen kaiserlichen Gnadenerlaß wurde seine verletzte Ehre wiederhergestellt. Obwohl er auch weiterhin mit der Stadt in Streit blieb und letztendlich sogar nochmals verhaftet wurde, ist eine besondere soziale Stigmatisierung nicht feststellbar. Der große Ruf als Künstler war es, der ihm seine Ehre zu retten half. Anderen jedoch fehlte eine solche Auszeichnung.

3.

Es gab wie gesehen die Ehren- und entehrenden Körperstrafen einzeln und in den verschiedensten Kombinationen je nach dem Delikt, für das einer verurteilt wurde, oft aber wurden sie gebündelt auf dem Pranger vollstreckt.[24]

Der Pranger war der zentrale Schauplatz der Ehrenstrafen. Wie der Galgen war er sowohl Wahrzeichen der Gerichtsbarkeit einer Stadt wie Schau- und Lehrstück der städtischen Malefizordnung, an der die Sträflichkeit und Unehrenhaftigkeit eines Vergehens in aller Öffentlichkeit demonstriert wurde. Oft war der Pranger mit dem Halseisen identisch, er konnte aber auch in einer öffentliche Schandsäule bestehen, die entweder vor dem Rathaus, auf dem Marktplatz oder an einer Kirche stand, jedenfalls dort, wo immer zahlreiches Volk versammelt und somit eine große Öffentlichkeit sichergestellt war. Als Strafinstrument hatte er sich im Mittelalter ausgebildet, erreichte dann im 15. und 16. Jahrhundert große Verbreitung, allerdings in Süddeutschland stärker als in Norddeutschland, und hielt sich über das Zeitalter der Aufklärung hinaus bis ins 19. Jahrhundert. Der Pranger konnte höchst unterschiedlich aussehen. Es gab den einfachen Schandpfahl, einen erhöht aufgestellten Pfahl; die vollendetste Form jedoch stellt die Schandbühne dar, ein wie in Schwäbisch Hall hoch gelegenes, weithin sichtbares Gebäude aus Stein. Nicht selten wurde sie mit Skulpturen versehen, die sie als Ort der Schande auszeichnete: Entweder waren ‚unsaubere' Tiere wie Affen oder Schweine dargestellt oder der Henker.

Der Scharfrichter trat nicht bei jeder Prangerstrafe in Aktion, aber zumeist dann, wenn zugleich körperliche Strafen verhängt waren und abschließend ein Stadtverweis erfolgte. Gewöhnlich standen die Verurteilten ein bis zwei Stunden am Pranger, manchmal wurde dies an mehreren Tagen wiederholt. Zu den unehrlichen Delikten, die derart in aller Öffentlichkeit abgestraft wurden, zählten der einfache Diebstahl und Betrug, jede Art von Preisbetrug bis zum Falschspiel, dann Sittlichkeitsdelikte vom einfachen Ehebruch bis zur Blutschande, aber auch Gotteslästerung und Meineid. Der Pranger sollte das Verbrechen selbst und das Schmähliche des Verbrechens bekannt machen und bloßstellen. Er diente zur Vergeltung wie zur Abschreckung, aber auch dazu, den Verurteilten allgemein bekannt zu machen, so daß er bei einer unerlaubten Rückkehr von allen Einwohnern einer Stadt wiedererkannt werden konnte. Das Schmähliche des Prangers war allerdings nicht nur die einfache Aufstellung, sondern die Freigabe zur allgemeinen Verspottung durch das umstehende Volk, das den Delinquenten mit Kot und Unrat bewerfen konnte.

Das Stehen am Pranger konnte darüber hinaus mit anderen Strafen beliebig verschärft werden. Oft wurde dem Delinquenten eine Schandtafel umgehängt, auf der die Schandtat in Bild und Schrift dargestellt wurde. Die Kombinationsmöglichkeiten waren unbegrenzt. Nirgendwo konnte die Idee der spiegelnden Strafe so gut dargestellt werden wie am Pranger. Schließlich war das schandhafte Prangerstehen oft verbunden mit körperlichen Strafen. Wie schon erwähnt, wurden Verstümmelungen zumeist am Pranger vollstreckt, wobei dann die abgeschnittenen Finger, Hände und Ohren am Pranger befestigt werden konnten. Dabei stand nicht mehr das Prangerstehen, das zu einer unter anderen Strafen wurde, im Mittelpunkt, doch verlieh es allen Ehren- und Körperstrafen die ihnen eigene öffentliche Wirksamkeit. Selten gab es das Prangerstehen allein. Am diffamierendsten war es jedoch, wenn an dem Pranger zudem das Brandmarken oder der Staupenschlag vollzogen wurde oder dem Pranger die Landesverweisung unmittelbar folgte. Der Entehrte war damit aus der ehrbaren Gesellschaft ausgestoßen.

Auf den Pranger wurden nur erwachsene Personen gestellt, aber Männer wie Frauen gleicherweise. Ausgeschlossen von der Prangerstrafe blieben im allgemeinen Adelige und ehrbare Bürger, zumeist kamen, wie in anderen Fällen, nur das einfache Volk und Fremde auf den Pranger. Auch über die Wirkung ist schwer etwas Eindeutiges auszusagen. Der Pranger machte zweifellos rechtlich ehrlos bzw. unehrlich. Aber wir wissen nicht, wie er auf das subjektive Ehrgefühl von Personen ‚minderer' Ehre, die ja dominant verurteilt wurden, wirkte. Sicherlich bedeutete er eine schwere Strafe, die es zu vermeiden galt, deswegen trat sie oft an die Stelle der Todesstrafe. Als Hauptstrafe wurde sie nur in bestimmten schwerwiegenden Fällen angewandt und als Gnadenstrafe machte sie den Delinquenten auf jeden Fall schändlich, wovon er sich kaum mehr reinigen konnte.

Die Ruchlosigkeit des Selbstmörders

1.
Bestandteil des peinlichen Strafsystems war die Verurteilung zu einem unehrlichen Begräbnis oder gar die Verweigerung des Begräbnisses überhaupt. Christlich beerdigt zu werden, d.h. ehrbar auf einem geweihten Kirchhof mit mehr oder weniger feierlichem Aufzug in Begleitung des Pfarrers oder Predigers beigesetzt zu werden, war ein Wunsch der ehrbaren Gesellschaft auf dem Lande wie in der Stadt.[1] Bei der Beerdigung nahm die Gemeinde Abschied von einem ihrer Mitglieder, dem diese Ehre nicht verweigert werden konnte. Sein Name verblieb damit eingebunden in die Lebensgemeinschaft, zu der der Verstorbene zählte, solange die Familie Bestand hatte. Die Ehrbarkeit beschränkte sich dementsprechend nicht nur auf die Lebenden, sondern erstreckte sich auch auf die Toten. Durch deren Verunehrung wurde nicht nur der Tote selbst betroffen, sondern auch seine ganze Familie, gewisserweise auch die Nachbarschaft und das Handwerk, die ja in der Regel für ihre Mitglieder die Beerdigung organisierten. Insofern impliziert der offizielle Ausschluß aus der Totengemeinde, die Verweigerung eines christlichen Begräbnisses, ein Maß an Unehre, das alle anderen Sanktionsmechanismen überschritt.

Wir wissen, daß ungetaufte Kinder, ‚Heiden' und Verbrecher abgesondert in ungeweihtem Boden beerdigt wurden ohne christlichen Segen und Beteiligung der Angehörigen. In erster Linie betraf dies die zu unehrlichen Strafen verurteilten Verbrecher. Die Verweigerung eines christlichen Begräbnisses war, wie erwähnt, oft Bestandteil der Strafe. Gehenkte oder gerichtete Diebe und Mörder erhielten deswegen überhaupt kein Begräbnis, verdörrten oder verfaulten in der Luft, bis die Knochen herabfielen, oder wurden unter der Hinrichtungsstätte, dem Galgenplatz verscharrt.[2] In besonderem Maße galt dies auch für Selbstmörder, die es entgegen einer verbreiteten Meinung in der Frühen Neuzeit zahlreich gab. Selbstmord galt als ein schweres Vergehen, war Todsünde und Mord, der bestraft wurde wie jedes andere Vergehen, anfänglich ohne Berücksichtigung der Motive. Erst seit dem späten 16. bzw. seit dem 17. Jahrhundert beginnt mit einer Ursachenuntersuchung eine humanere Einschätzung des Vergehens, die dann entscheidend wurde für die Art des Begräbnisses.[3] Der Selbstmord war nicht nur Selbsttötung, sondern nach christlichem Verständnis Ausdruck eines fehlenden Glaubens an die Wiederauferstehung, insofern auch ein Verstoß gegen die christliche Weltordnung. Bis ins 16. Jahrhundert hinein stand auf Selbstmord die öffentliche Verbrennung, womit jede Erinnerung an den Selbstmörder ausgelöscht werden sollte. Als ein Ruchloser hatte er ein Anrecht auf ein ‚ewiges Leben' im Jenseits verwirkt. Er gehörte zu der Zahl der Verdammten.

Die Unterschiede zwischen katholischer und protestantischer Einschätzung des Selbstmordes waren sehr gering. Auch wenn es für Protestanten keine geweihte Erde mehr gab, blieb der Friedhof auch für sie ein Platz, der durch keine Untat verunehrt werden durfte. Man beschwor die Rache Gottes oder ein Unglück herauf, wenn der Reinigung der Gemeinschaft durch Ausschluß aus der ‚Lebensgemeinschaft', zu der ja die Toten auch zählten, nicht entsprochen wurde. Die gleiche Anschauung teilte die weltliche Obrigkeit, die die peinliche bzw. Ehrenstrafe vollstreckte. Obwohl die ‚Verwaltung' eines Friedhofs kirchliche Angelegenheit war, gab es bei der Verurteilung und Bestrafung eines Selbstmörders zwischen Kirche und Obrigkeit volle Übereinstimmung. Wenn die Obrigkeit jemanden zu einem unehrlichen oder stillen Begräbnis verurteilt hatte, unterstützte die Kirche dieses Ansinnen. In schwierigen Fällen hatte man vorsorglich um ein kirchliches Gutachten gebeten. Auch war es für das gemeine Volk, die Bürgerschaft, Bauerngemeinde und Handwerker selbstverständlich, daß ein Selbstmörder kein Recht mehr hatte, christlich beerdigt zu werden. Dem Selbstausschluß aus der Christenheit durch eigenhändige Tötung folgte die Verweigerung des kirchlichen Segens. Ursache hierfür war die Angst vor Wiedergängern, die insbesondere auch Schwangere mit Unheil bedrohen konnten. Am deutlichsten hat Luther das Verhältnis der Christen zum Selbstmord ausgesprochen: „wenn sie gestorben sind, soll sie der Henker in die Schindergrube zur Statt hinaus schleiffen, da soll kein Schuler, kein Caplan zu kommen, weil sie wöllen Heyden sein, wollen wir sie auch als Heyden halten“.[4] Ein Selbstmörder war durch seine Tat per se unehrlich und sollte deshalb auch nur von unehrlichen Leuten beerdigt werden. Er durfte von keinem anderen berührt werden, was auch unmittelbare Hilfeleistungen von Dazukommenden verhinderte und sich auf den Versuch selbst erstreckte.[5]

Obwohl generell der Selbstmörder wegen seiner Ruchlosigkeit aus der Gemeinschaft auch der Toten ausgeschlossen wurde, begann sich im 16./17. Jahrhundert in mehreren Stufen je nach Region und Tradition eine differenziertere Einschätzung des Selbstmordes durchzusetzen und damit auch die Beerdigungsform zu ändern. Man fing an, einerseits die Tatmotive zu berücksichtigen und zwischen wahnsinniger und Verzweiflungstat zu unterscheiden und andererseits, angesehene Familien vor der anstehenden Unehrlichkeit zu schützen. Davon unberührt blieb die entschiedene Verurteilung von Selbstmördern aus den Unterschichten sowie vor allem von selbstmörderischen Delinquenten. Hieß es z.B. in Nürnberg noch 1442 lapidar: „1442 ist Hans Träger, ein alter man und gewesener knecht in der waag, der in seinem haus sich selbst erhängt, öffentlich ausgeschleifft und verbrennet worden“[6], so formulierte ein Ratseintrag von 1574 differenzierter: „hat sich Thomas Egerer, ein burger und kaufmann alhier, welcher am Zollenberg haußsäsig war, diser sollte in wenig tägen burgschaft halben ein groß summe gelts erlegen, als ihm hieran mangierte, hat er sich in Erlastegen auf seinem sitz erstochen, hernach in das wasser gestürtzt und ertränket, da wurde er ettlich tag darnach alsdann 27. Okt. durch den bettelrichter herausgezogen und vor dem Wehrder kirchhof begraben".[7]

Weil das Motiv über die Form des Begräbnisses entschied, mußten nach jedem angezeigten Selbstmord umständliche Untersuchungen vorgenommen werden, um über den Umgang mit einem Selbstmörder entscheiden zu können. Meist bestand der erste Schritt in einer medizinischen Untersuchung. Denn bei der Vielzahl von Toten, die man in der Frühen Neuzeit zumeist an verborgenen Stellen im Wald, auf dem Feld, in den Städten und Dörfern fand, mußte erst einmal die Todesursache festgestellt werden. Es konnte ja ein Mord, ein Schlaganfall, ein Unfall oder eben auch ein Selbstmord vorliegen. Wurde jemand erhängt an einem Balken oder Baum aufgefunden, war der Tatbestand des Selbstmordes weitgehend klar. Beim Tod durch Ertrinken konnte es sich aber ebenso um einen Unglücksfall wie um einen Selbstmord handeln; „ins Wasser gehen" war eine vor allem von Frauen bevorzugte Art der Selbsttötung. Ertrinken war in Städten an Seen oder großen Flüssen keine seltene Todesursache, denn schwimmen konnte noch kaum jemand. Selbstmord wurde oft auch durch Messerstiche in den Hals, die Brust oder in den Unterleib verübt. Bei auf solche Art Umgekommenen konnte aber auch Mord vorliegen. Deswegen war eine genaue Unstersuchung nötig; oft mußte man auch erst die Identität der Leiche eruieren. Die Untersuchung wurde dann zumeist vom Rat, der Gemeinde oder einem Amtmann angeordnet und konzentrierte sich auf das mögliche Motiv des Selbstmörders. Bei fehlender Straftat wurde in der Frühen Neuzeit so intensiv nach dem subjektiven Motiv gesucht wie im Fall des Selbstmordes. Nachdem ein Mord ausgeschlossen war, kam es zu eigenständigen Selbstmordverfahren, die zumeist nur unter Zuziehung von Badern, Wundärzten oder Ärzten abgeschlossen werden konnten.

In einem Fall jedoch bedurfte es kaum näherer Untersuchungen: Hatte ein Delinquent in einem Gefängnis aus Angst vor der Folter, dem peinlichen Urteil oder aus Verzweiflung sich selbst getötet, was keineswegs selten geschah, dann wurde das Gerichtsverfahren in der Regel nicht eingestellt, im Gegenteil: Das Strafmaß wurde um die Strafe für Selbstmord erweitert und das Urteil sogar öffentlich vollstreckt. Oft fuhr man den Leichnam offen auf einem Schinderkarren frühmorgens oder abends aus der Stadt und verbrannte ihn wie Aas auf dem Hochgericht oder verscharrte ihn unter dem Galgen. Die Gerichte, aber auch die Öffentlichkeit kannten im großen und ganzen drei Beerdigungsformen für die Selbstmörder. Diese Unterteilung entstand unter dem Einfluß der italienischen Kriminalistenschule, hatte sich aber in Deutschland auch unabhängig davon seit der Reformationszeit sukzessive durchgesetzt. Neben dem sogenannten „Eselsbegräbnis", dem unehrlichen Begräbnis auf einem unehrlichen Platz, unterschied man noch „stille" und „unehrliche" Begräbnisse.[8]

2.

Wenn ein Selbstmörder aufgefunden und als solcher erkannt wurde, eruierte die Untersuchung, ob der Tod in „törichter" Weise oder im Wahnsinn, also aus „Unsinnigkeit" bzw. „Blödigkeit" erfolgt war oder aus Verzweiflung. Die Quellen nennen die unterschiedlichsten Motive: körperliche Gebrechen, seelische Depression, Unglück in der Liebe, Eheleiden, Schulden und Armut. Wenn eine Verzweiflungstat vorlag, folgte auf jeden Fall ein ‚unehrliches' Begräbnis, wobei der Täter von besonders unehrlichen Personen, etwa von einem Bettelrichter, einem städtischen

Knecht, einem Abdecker und Henkersknecht außerhalb des Friedhofs verscharrt wurde. Der Bestattungsort war in diesem Fall im Unterschied zum Galgenplatz nicht ‚unehrlich'. Der Leichnam wurde entweder früh am Morgen oder am späten Abend, also zu „anrüchiger" Zeit, „umb neheres abscheuhens willen", öffentlich auf einem Karren unverhüllt aus der Stadt geschafft. Der Beerdigungsort war meist ein Platz hinter einem Friedhof, konnte aber auch auf freiem Feld oder an einer Wegkreuzung liegen. Gerade um diese Beedigungsform stritt die Familie mit dem Gericht bzw. Amt, denn sie implizierte eine Verunehrung. Schließlich gab es die am wenigsten verunehrende Bestattungsart des „stillen" Begräbnisses. Es handelt sich hierbei um eine Beerdigung, bei der der Tote zwar innerhalb eines Kirch- oder Friedhofs seine „Ruhe" fand, aber ohne jede Feierlichkeit und ohne Beteiligung eines Pfarrers. Auf diese Weise wurden nur Selbstmörder bestattet, deren Verschulden relativ gering war, weil sie als geistig verwirrt in den Tod gingen, „die in hitzigen Krankheiten, in Melancholischer schwarz-gallischer verstellung, oder in dem Jast ihrer hohen und tiefen Seelen-Anfechtungen und Vergalsterungen des leidigen Satans begrieffen, in welchen Fällen sie nicht gewusst, was sie gethan, ihnen selbst das Leben gewaltthätiger weise benommen und abgekürzt haben".[9]

Weil die Bestattungsart über das Ansehen des Betroffenen und seiner Familie entschied, war es oft nicht leicht, ein eindeutig der Sachlage entsprechendes Urteil zu fällen. Denn die Unterscheidung zwischen melancholischer und Verzweiflungstat war schwierig, vor allem bei Personen, die im Leben einen guten Leumund besessen hatten. War dem Selbstmord aber schon ein zweifelhaftes Leben vorausgegangen, dann erfolgte automatisch die verunehrende Beerdigungsform, eben das ‚unehrliche' Begräbnis. Vor allem angesehene Familien unternahmen alles, ihre Ehre nicht durch die Tat eines selbstmörderischen Verwandten beflecken zu lassen, was häufig zur bewußten Verschleierung der Tatmotive führte, falls man nicht die Angelegenheit ganz ohne Öffentlichkeit regeln konnte. Einheimische ehrbare Familien durften immer auf die Unterstützung anderer Familien rechnen, denn eine Anzeigepflicht gab es nicht. Als sich beispielsweise 1663 der Nürnberger Patrizier Johann Wilhelm Haller aus unbekannten Gründen selbst erschossen hatte, kam es im Rat der Stadt zu einer langwierigen Auseinandersetzung. Einerseits wollte man wegen der öffentlichen Meinung den Patriziern keine Sonderrechte zubilligen, andererseits aber auch keine Schande über die Hallersche Familie bringen, die in Nürnberg großen Einfluß besaß. Man entschied schließlich, „daß Herrn Hallers seel. entseelter ohngeöfnet noch anheute in eine truhen gelegt, auf seinen eignen oder einen andern wagen gebracht, und nach deme die thor heute in gewöhnlicher zeit gesperrt worden, hernach erst wieder umb 10 Uhr geöffnet, mit etlich zugegebenen einspennigen auf das engste und stilleste alß immer müglich nach Kalchreuth geführet, daselbst in die sacristey oder auf das schloß gebracht und do es seyen kan, noch morgen frühe, ohne alles gepräng, anschreiben und procession ... zur erden bestattet werden möge“.[10] Ein Grund für langwierige Verhandlungen lag auch darin, daß bei einer unehrlichen Beerdigung oft der Hausstand des Selbstmörders an die Obrigkeit fiel bzw. bei einem unehrlichen Begräbnis Kleider etc. an den Henker oder Abdecker gingen. Wenn zur Untersuchung ein Bader, Wundarzt oder Arzt herangezogen wurden, mußte die Gemeinde oder der Rat bzw. das herrschaftliche Amt noch mit zusätzlichen Kosten rechnen.

Der Umgang mit der Leiche eines Selbstmörders war für die Betroffenen mit großer Angst verbunden, es bedurfte bestimmter Rituale, um ohne Schande und ohne Schaden sich dieses Problems zu entledigen. Das begann bereits mit der Bergung des Erhängten oder Ertrunkenen. Wenn man davon absieht, daß hier und da Anverwandte oder Freunde einen Leichnam abnahmen oder aus dem Wasser holten – und sich oft später dafür rechtfertigen mußten –, lag die Bergung und auch die vorläufige Verwahrung des Toten ausschließlich in Händen eines zumeist als unehrlich eingeschätzten Dienstknechtes. Dann mußten auch Bader, Wundarzt oder andere Ärzte herangezogen werden, um die Todesart festzustellen. Aber auch Zeugen wurden befragt, die den Toten und seine Lebensführung kannten und zumeist auch wußten, warum er Selbstmord begangen hatte. So viel Verständnis, ja nicht selten Mitleid für den Täter auch gezeigt wurde, hatten die betroffenen Familien doch nur wenig Chancen, mit einem „stillen" Begräbnis davonzukommen. Erst wenn alles geklärt war, erfolgte durch einen Abdecker oder Henker bzw. seine Knechte die vorgesehene Bestattung. Bis dahin blieb der Leichnam oft am Baum hängen oder im Wasser bzw. am Ufer liegen.

Lange wurden die Selbstmörder zum Galgen geschleift und dort verbrannt, begraben oder auch ins Wasser geworfen. 1696 war eine Bürgersfrau aus Herenstadt an der Bartsch nachts im Fieberdelirium fortgelaufen und dann tot im Fluß gefunden worden. Der Witwer mietete einen Taglöhner, der die Leiche aus dem Wasser zog, in einen Sarg legte und begrub, wobei er selbst den Taglöhner zur Leiche und dann zur Grabstätte ruderte. Dieser ‚Dienst' wurde nun dem Witwer und seiner Tochter aus einer späteren Ehe nachträglich übel angerechnet. Denn als diese sich mit einem Schneider verheiraten wollte, wurde „ihr wegen der Untat" des Vaters das Leumundszeugnis und dem Bräutigam die Aufnahme in die Zunft verweigert.[11] 1792 hatte sich in Heiden (Grafschaft Lippe) eine Frau erhängt und war an einer gesonderten Stelle des Friedhofs begraben worden. Dem Mann aber, der sie vom Strick abgeschnitten hatte, wurde diese Tat zum Verhängnis. Man weigerte sich, ihn als Arbeitskraft einzustellen, denn „er wäre nicht würdig, mit ihm aus einer Schüssel zu essen". Es folgte nicht nur diese

Ausgrenzung, im Kirchspiel wurde zudem ein neues Totenlaken zum Abdecken der Särge angeschafft, weil das alte durch die Selbstmörderin verunehrt worden sei. Man fürchtete um die Ehre nachfolgender Toter und ihrer Angehörigen.[12]

3.

Erst gegen Ende des 18. Jahrhunderts begann sich unter dem Druck der Obrigkeit der Umgang mit Selbstmördern langsam zu ändern. Zu groß war die Scheu des gemeinen Volkes, aber auch des städtischen Bürgertums vor einem Selbstmörder, mit dessen unehrlichem Tun niemand in Verbindung gebracht werden wollte. Es ging dabei sowohl darum, dem als infam immer noch geltenden Abdecker nicht ins Handwerk zu pfuschen als auch den Friedhof von unehrlichen Toten rein zu halten. Aus diesem Grunde kam es zu beträchtlichen Protesten seitens der Gemeinden gegen das Ansinnen der Obrigkeit, im Zweifelsfall zumindest eine Beerdigung auf dem Friedhof zu tolerieren, vor allem für Mitglieder ehrbarer Familien. Die Quellen sprechen sogar von regelrechtem „Aufruhr und Rebellion“ auf den Kirchhöfen. Als beispielsweise der lippischen Regierung 1730 gemeldet wurde, daß die Frau des Henrich Arendts aus Lemgo umgekommen sei, reiste ein Amtmann sogleich zur Unglücksstelle. Die Tote lag immer noch im Wasser, da keiner bereit war, sie mit Rücksicht auf den eigenen „ehrlichen Nahmen“ an Land zu ziehen. Vieles deutete auf einen Selbstmord hin, da bekannt war, daß die Frau bereits zweimal versucht hatte, sich das Leben zu nehmen. Außerdem hatte die Selbstmörderin keinen guten Leumund. Als die Regierung sich dennoch zu einem ehrlichen Begräbnis entschloß, allerdings abgesondert an einer Mauer des Kirchhofs, protestierten die Lemgoer Bürger kräftig. Der Totengräber wurde daran gehindert, nachts das Grab für die Selbstmörderin zu heben. Weil man statt eines toten Menschen ein „Aaß“ auf den Kirchhof bringen wolle, blokierten die Lemgoer schließlich das Friedhofstor und drohten, die Sturmglocken zu läuten. Die Frau habe sich durch ihren Selbstmord „unwürdig gemacht, auf dem Kirchhoff begraben zu werden“. Die Bürger hatten kurzfristig Erfolg, die Leiche wurde in der Tat von einem Schinder an einen als „Wüste“ bezeichneten Ort gebracht und verscharrt. Als die Obrigkeit jedoch mit Sanktionen drohte, wandte sich der ganze Magistrat dagegen. Er verwies nochmals auf den Lebenswandel der Selbstmörderin und ihr langjähriges Fehlen beim Gottesdienst, womit ihre „Ruchlosigkeit“ ausreichend erwiesen sei. Hier hatte die Gemeinde über das Begräbnis entschieden, dem nur stattgegeben wurde, weil die negativen Verhaltensweisen der Selbstmörderin stadtbekannt waren.[13]

Ein anderer Fall ereignete sich 1748 ebenfalls in der Grafschaft Lippe. Der alte Meier Mögling hatte seiner Frau die Kehle durchgeschnitten und sich daraufhin im Fluß Zege selbst ertränkt. Bei der Untersuchung stellte der Nachbar dem Meier ein durchaus positives Zeugnis aus. Er sei zwar krank und verwirrt, aber zu seiner Frau immer besonders gut gewesen. Man nahm daraufhin an, daß er sich und seine Frau während eines krankhaften Schmerzanfalls umgebracht und deswegen eine „stille“ Beisetzung auf dem Heidener Friedhof verdient habe. Aber auch gegen diese Entscheidung protestierten die Bewohner des Kirchspiels Heiden, die mit dem ihrer Meinung nach „ruchlosen“ Täter nichts zu tun haben wollten. Er sei keineswegs melancholisch gewesen und „ist also nicht würdig, bey anderen ehrlichen Leuten begraben zu werden“.[14] Aber diesmal blieb der Protest erfolglos. Die Ehre des Meier Mögling in seinem irdischen Leben bewahrte ihn vor einem unehrenhaften Begräbnis.

Auch wenn die weltliche Obrigkeit für ansässige Selbstmörder zusehends eine stille Beerdigung begünstigte, während die Gemeinden weiterhin auf die Reinheit ihrer

Friedhöfe achteten, blieb bis weit ins 18. Jahrhundert hinein der Selbstmörder eine ruchlose, unehrliche Person, die nur von unehrlichen Leuten berührt werden durfte und kein ehrbares Begräbnis verdiente. Dies änderte sich erst zu Ende des 18. Jahrhunderts sowohl mit der generellen Aufhebung einer unehrenhaften Bestattung für Selbstmörder wie auch infolge des Wandels der Unehrlichkeitsvorstellungen in der Bevölkerung. Der Wunsch nach Aufhebung der Unehrlichkeit entsprach allerdings mehr der Logik absolutistischen Denkens der weltlichen Obrigkeit als dem aufklärerischen Diskurs, der sich am Phänomen des Selbstmordes entzündete. Das Ansinnen der Staaten, die Unehre eines Selbstmörders aufzuheben, korrespondiert mit den Bemühungen der Ärzte, das Leben von Ertrunkenen oder Erhängten wenn möglich zu retten. Statt der Ausgrenzung forderten sie unmittelbare Hilfe. Nach einer langen Auseinandersetzung entschloß sich z.B. Nürnberg 1778, das System der unehrlich machenden Berührung aufzuheben. In einem Mandat rügte der Gesetzgeber die unhaltbaren Mißstände, „daß eine zeitliche und mögliche Rettung derer im Wasser verunglückten, erfrorenen, durch Kohlendampf oder andere schädliche Dünste erstickten, erhenkten, erwürgten oder sonst eines jähen Todes anscheinliche verfahrene Personen, zum öftern lediglich aus einem nicht nur gegen das Christentum und die Nächsten-Liebe, sondern auch selbst gegen die Vernunft laufenden Vorurtheil, als ob die solchen Verunglückten geleistete zeitige Hülffe denen Beyspringenden zu einiger Unehre gereichete, und diese durch deren Berührung anrüchig oder unehrlich würden, behindert worden". Dieses „schädliche Vorurtheil" soll nun „bey unsern Bürgern, Angehörigen und Unterthanen in alle Wege" vertilgt werden. Jede Person in der Stadt sei verpflichtet, „sobald sie einen dergleichen auf eingangs gedachte Weise verunglückten und leblos scheinenden Menschen gewahr wird, solche Verunglückten also gleich auf der Stelle und ohne die Ankunft obrigkeitlicher Personen abzuwarten", aus dem Wasser zu ziehen oder vom Strick abzuschneiden.[15] Die Berührung mit dem Selbstmörder war also nicht länger entehrend, und wer einen solchen Helfer denunzierte, mußte mit Strafe rechnen. Mit dieser Entscheidung blieb der Selbstmörder freilich noch nicht ganz straflos, eine stille Beerdigung oder die Überweisung in die Anatomie bedeuteten immer noch eine Entehrung, aber die Vorstellung von der „Ruchlosigkeit" des Selbtmörders hatte zumindest keine Rechtsbasis mehr. Daß die Bevölkerung jedoch auch weiter an dieser Überzeugung festhielt, ist stark anzunehmen. Aber die Berührung mit der Leiche eines Selbstmörders konnte keine rechtliche Schwächung mehr zur Folge haben, und eine stille Beerdigung durfte nicht mehr verhindert werden, auch wenn die Verzweiflungstat offenkundig war. Mit dem Ende des peinlichen Strafsystems endete überhaupt die Bestrafung des Selbstmörders als ein hoheitlich-ritueller Akt.

Die Entkriminalisierung des Selbstmordes steht, wie bereits angedeutet, zweifellos im Zusammenhang mit der zu Ende des 18. Jahrhunderts erfolgten öffentlichen Diskussion um den Selbstmord, die ein breites Verständnis für die ehemals entehrende Untat schuf.[16] Der „Werther" von Goethe wurde europaweit gelesen. Hier ging es nicht um den Verruf und die Ruchlosigkeit des Selbstmords, sondern um Mitleid und Verständnis, um die Rechtfertigung einer solchen Tat als eines autonomen Aktes eines Menschen, der aber insgesamt für unrecht gehalten wurde. Im „Werther" verabschiedete sich der alte Amtmann vom Sterbenden „unter den heißesten Tränen". „Um zwölfe Mittags starb er. Die Gegenwart des Amtmans und seine Anstalten tischten einen Auflauf. Nachts gegen eilfe ließ er ihn an der Stätte begraben, die er sich erwählt hatte, der Alte folgte der Leiche und die Söhne. ... Handwerker trugen ihn. Kein Geistlicher hat ihn begleitet".[17] Werther erhält wie sein Vorbild Jerusalem ein stilles Begräbnis. Die Diskussion um den Selbstmord machte vor den Amt- und Pfarrhäusern halt, die keine unmittelbaren Konsequenzen aus der aufklärerischen Diskussion zogen. Die Gegner des ‚humanen' Umgangs waren Gemeinden und Pfarrer, die es nur schwer hinnahmen, Selbstmörder nicht mehr rigide auszugrenzen.

SCHLUSS

Die Ehre zählte zu den zentralen Kategorien der Ständegesellschaft der Frühen Neuzeit; auch im Mittelalter und sogar noch in der „modernen" Welt ging und geht es um Ehre, aber in der Frühen Neuzeit entschied die Ehre nicht selten über den sozialen Status, die soziale Existenz, ja über Leben und Tod. Niemals ging es im Alltagsleben allein um das materielle Überleben, das Handeln der Menschen und der verschiedenen sozialen Gruppen orientierte sich nicht ausschließlich an der Anhäufung von Vermögen und Besitz, an politischer Macht und sozialen Positionen. Ziel war für die meisten ein ehrbares und ehrenvolles Leben zu führen, wie es die „ständische" Gesellschaft verlangte. Dies konnte allerdings sehr unterschiedliches bedeuten, für Bettler etwas anderes als für Fürsten, vor allem für die Handwerker etwas anderes als für den Adel. Die Ehre war keine spezifisch christliche Tugend, widersprach den religiösen Pflichten aber auch nicht. Keine noch so puritanische Gesellschaft entzog sich diesem an sich ‚weltlichen' Streben nach Ehre.

Der Begriff der Ehre ist nicht erst heute unbestimmt. Der italienische Aufklärer und Kritiker des peinlichen Strafsystems Caesare Beccaraia schrieb 1766: „Das Wort Ehre gehört zu denjenigen, welchen ausführliche und glänzende Abhandlungen gewidmet wurden, ohne daß damit wahrlich auch nur eine genaue und feste Vorstellung verknüpft gewesen wäre." Nach allem, was wir heute wissen, ist Ehre als solche zu keiner Zeit wirklich greifbar und definierbar. Abgesehen vom Gelehrtendiskurs der Zeit artikulierten sich die verschiedenen sozialen Gruppen expressis verbis kaum über die Bedeutung von Ehre. Dazu gab es keinen Anlaß. Was die einzelnen Menschen in der Frühen Neuzeit darunter verstanden, erschließt sich uns vor allem aus den „Ehrkonflikten", die in überaus reicher Anzahl nicht nur aus der Handwerkerwelt, sondern aus allen Ständen überliefert sind. Allein in der konkreten Verletzung der eigenen bzw. der Ehre des Anderen enthüllt sich, was für die Einzelnen wie auch für die Gruppe Ehre bedeutete. Eine von individuellen und sozialen Interessen unabhängige Ehrvorstellung gab es kaum, so sehr immer wieder schlagwortartig und abstrakt von der Ehre des Fürsten oder des Handwerkers gesprochen wurde. Zur Legitimation eigenen Handelns konnte man sich auch auf die Ehre Gottes berufen.

Ebenso gilt es hervorzuheben, daß Ehre im praktischen Leben weniger die spezifisch moralische Qualität einer Person ausmachte, die etwa im Sinne persönlicher Integrität mit ihr verbunden war, sondern mehr ein „Medium", eine „Matrix" darstellte, innerhalb derer der Einzelne wie auch die Gruppe agierten und ihre Rechte und Interessen zur Absicherung des Lebens gegen andere wahrnahmen. Da in der Gesellschaft das Ansehen und die soziale Position über das materielle Leben mitentschieden, überhaupt die Wertschätzung des Einzelnen von der Beurteilung und Anerkennung der anderen abhing, bildete die Ehre trotz ihrer jeweiligen Unbestimmtheit einen essentiellen Ausgangspunkt der Lebensführung, der mit allen Mitteln verteidigt werden mußte.

In einer Welt, in der Menschenrechte unbekannt waren, es keine gleichen Rechte gab, sondern die jeweilige Meinung und Öffentlichkeit die Stellung und den ‚Wert' des Einzelnen bestimmten, variierte die Ehre beträchtlich in ihrer sozialen wie subjektiven Bedeutung, aber auch je nach der sozialen Stellung und ökonomischen Position des Einzelnen.

Die soziokulturelle Situation in einer Stadt unterschied sich beträchtlich von der auf dem Land. Die Ansprüche von

Hofleuten äußerten sich völlig anders als die der Handwerker. Aber auch die Bettler beanspruchten eine eigene Ehre. Nicht zuletzt unterschied sich auch die Ehrvorstellung von Männern und Frauen. Dazu spielten regionale Unterschiede und Traditionen und nicht zuletzt der zeitlichen Wandel eine entscheidende Rolle. So bedeutete der Kampf um die Ehre bzw. ihr Verlust im 16. Jahrhundert etwas anderes als im 18. Jahrhundert, so ähnlich seine äußeren Formen auch blieben. Eine ‚einheitliche', mit der Natur des Menschen gegebene Ehre existierte nicht.

Sicherlich stand in der öffentlich-offiziellen Ehrenhierarchie die Ehre des Fürsten ganz oben und die der Bettler ganz unten. Dem Selbstwertgefühl der Einzelnen und der verschiedenen sozialen Gruppen, denen auch obrigkeitlicher Schutz zugestanden war, widersprach dies aber nicht. Es war von seiten der Öffentlichkeit stets die Frage, wer mehr Ehre verlieren konnte, ein Großkaufmann oder ein Handwerker. Für jeden Einzelnen gab es sowohl eine persönliche wie eine Gruppenehre, die hartnäckig verteidigt werden mußte. Gerade sie verbürgte in Konkurrenz zu anderen die ständische Identität und Partizipation am ehrenvollen Leben. Was Ehre hieß und bedeutete, läßt sich nur aus dem soziokulturellen Kontext rekonstruieren.

Wie die Ehre das soziale Handeln in der frühneuzeitlichen Gesellschaft steuerte, ja konstituierte und legitimierte, bedeutete eine Ehrverletzung bis hin zur Infamierung den stärksten Angriff auf eine Person und eine Gesellschaft, der nicht unwidersprochen hingenommen werden konnte. Seine Abwehr war Teil eines ehrenvollen Leben. Denn eine Ehrverletzung konnte zur sozialen Ausgrenzung, sogar zum ‚sozialen Tod' führen. Von solch einer Beschneidung in unterschiedlicher Stärke waren in der frühneuzeitlichen Gesellschaft freilich viele bedroht: Vermögenslose und Arme, weil sie ohne soziale Macht waren, Uneheliche, weil sie die Schande der Eltern mittragen mußten, Fremde, weil man ihre Herkunft nicht kannte, und Zigeuner, weil deren Lebensstil als Bedrohung empfunden wurde. All diese ‚kleinen Leute', Randständige und Fremde hatten zwar ein durchaus zuerkanntes Recht, aber kaum noch eine Lebenschance, wenn sie zusätzlich der Unehre aufgrund einer Strafe oder eines Vergehens bezichtigt wurden.

Ehre bzw. Unehre wird in der frühneuzeitlichen Gesellschaft vor allem in drei Zusammenhängen greifbar: im Fall der öffentlichen Verleumdung und des Verrufs, bei ‚unehrlicher' Tätigkeit bzw. Standeszugehörigkeit und in Verbindung mit unehrenhaftem bzw. kriminellem Verhalten und der Verurteilung durch ein obrigkeitliches Gericht. Infam im eigentlichen Sinn des völligen Ehrverlustes waren allerdings nur ein verurteilter Verbrecher und ein Selbstmörder.

Wenngleich eine Ehrverletzung nicht unmittelbar Rechtlosigkeit bewirkte, minderte sie doch je nach Gewicht die soziale Position, von der die Qualität des Lebens wesentlich abhing. Der angedrohte Ausschluß aus der Dorf- oder Stadtgesellschaft, aus der Zunft oder der Kirche zielte allerdings nicht nur auf die Zerstörung der sozialen Existenz des einzelnen Abweichlers. Der große Kampf um die Ehre diente zugleich der Absicherung, Stabilisierung und Selbstvergewisserung der ständischen Gesellschaft selbst. Wenn nur derjenige als ‚ehrbar' galt, der sich von ‚unehrlichen' Handlungen freihielt, war damit auch ein ideales Mittel für die Ständegesellschaft zur Hand, den Einzelnen fest zu integrieren. Der drohende Ehrverlust disziplinierte und pazifizierte die Gesellschaft, vor allem, als die weltlichen Obrigkeiten begannen, das Ehrsystem der ständischen Ordnung für ihre Interessen einer ‚geschlossenen' Gesellschaft einzusetzen.

Anmerkungen

Angriff auf die Ehre

Das Phänomen der Infamie, damit der Unehrlichkeit, des Verrufs und der Ehrenstrafe, hat die Geschichtswissenschaft lange kaum interessiert. Als ich mich 1989 erstmals mit dem ‚infamen Menschen' beschäftigte, konnte man sich nur auf ältere volkskundliche Arbeiten beziehen (R. *van Dülmen*, Der infame Mensch. Unehrliche Arbeit und soziale Ausgrenzung in der Frühen Neuzeit, in: Ders. (Hg.), Arbeit, Frömmigkeit und Eigensinn. Studien zur historischen Kulturforschung II (1990) 106–140). In den folgenden Jahren entstanden in kürzester Zeit eine Reihe beachtenswerter Studien v.a. von Martin *Dinges*, (Die Ehre als Thema der historischen Anthropologie. Bemerkungen zur Wissenschaftsgeschichte und zur Konzeptualisierung, in: Kl. Schreiner-G. Schwerhoff (Hg.), Verletzte Ehre. Ehrkonflikte in Gesellschaft des Mittelalters und der Frühen Neuzeit (1995), 29–62), Gerd *Schwerhoff*, Verordnete Schande? Spätmittelalterliche und frühneuzeitliche Ehrenstrafen zwischen Rechtsakt und sozialer Sanktion, in: A. Blauert – G. Schwerhoff (Hg.), Mit den Waffen der Justiz. Zur Kriminalitätsgeschichte des späten Mittelalters und der Frühen Neuzeit (1993) 158–188), und Jutta *Nowosadtko*, (Die Ehre, die Unehre und das Staatsinteresse. Konzepte und Funktionen von „Unehrlichkeit" in historischem Wandel am Beispiel des Kurfürstentums Bayern, in: Geschichte in Unterricht und Gegenwart 44 (1993) 362–381), die das Thema Ehre auf eine neue, theoretisch fundierte Grundlage stellten. Was hier nun angestrebt wird, ist eine zusammenfassende Problemstudie, die die Ehre nicht als ein festes normatives System, sondern als ein Handlungsmuster aus der Lebenspraxis der Betroffenen zu erhellen sucht.

1. Zit. nach W. *Hartinger*, Rechtspflege und Volksleben. Zur Funktion des Rechts im absolutistischen Bayern, in: K. Köstlin – K.D. Siever (Hg.), Das Recht der kleinen Leute. Beiträge zur Rechtlichen Volkskunde (1976) 50–68.
2. P. *Bourdieu*, Entwurf einer Theorie der Praxis auf der ethnologischen Grundlage der kabylischen Gesellschaft, Frankfurt a.M. 1979, 27.

3. Vgl. u.a. K.S. *Kramer*, Grundriß einer rechtlichen Volkskunde (1974); G. *Lutz*, Sitte und Infamie. Untersuchungen zur rechtlichen Volkskunde am Phänomen des Verrufs. Diss. masch. (1954); K. *Lorenzen-Schmidt*, Beleidigungen in schleswig-holsteinischen Städten im 16. Jahrhundert. Soziale Norm und soziale Kontrolle in Städtegesellschaften, in: Kieler Bl.z.Volkskunde 10 (1978) 5–28; N. *Minkmar*, Ausgegossene Worte. Stadtbürgerlicher Ehrbegriff, Ehrenkonflikte und Habitus im Colmar des 16. Jahrhunderts in historisch-anthropologischer Perspektive, Diss.MS Saarbrücken 1996
4. Vgl. u.a. R. *Schulte*, Das Dorf im Verhör. Brandstifter, Kindsmörderinnen und Wilderer vor den Schranken des bürgerlichen Gerichts (1986); E. *Labouvie*, Zauberei und Hexenwerk. Ländlicher Hexenglaube in der Frühen Neuzeit (1991).
5. Vgl. auch B. *Müller-Wirthmann*, Raufhändel. Gewalt und Ehre im Dorf, in: R. van Dülmen (Hg.), Kultur der einfachen Leute. Bayerisches Volksleben vom 16. bis zum 19. Jahrhundert (1983) 79–111; K.S. *Kramer*, Hohnsprake, Wrakworte, Nachschnack und Ungebühr. Ehrenhändel in holsteinischen Quellen, in: Kieler Bl.z.Volkskunde 16 (1984) 49–85.
6. Landrecht, Policey: Gerichts-, Malefitz- und andere Ordnungen. Der Fürstenthumben Obern und Nidern Bayrn (1616) 394.
7. M. *Frank*, Ehre und Gewalt im Dorf der Frühen Neuzeit. Das Beispiel Heiden (Grafschaft Lippe) im 17. und 18. Jahrhundert, in: Schreiner-Schwerhoff (Hg.), Verletzte Ehre 320–338, hier 325; weiterhin vgl. *Hartinger*, Rechtspflege und Volksleben 53; *Müller-Wirthmann*, Raufhändel 109 ff.; A. *Schnyder-Burghartz*, Alltag und Lebensformen auf der Basler Landschaft um 1700. Vorindustrielle, ländliche Kultur und Gesellschaft aus mikrohistorischer Perspektive – Bretzwil und das obere Waldenburger-Amt von 1690 bis 1750 (1992) 306 ff.; M. *Frank*, Dörfliche Gesellschaft und Kriminalität. Das Fallbeispiel Lippe 1650–1800 (1995) 333–345; R.-E. *Mohrmann*, Volksleben in Wilster im 16. und 17. Jahrhundert (1977); K.S. *Kramer*, Volksleben im Hochstift Bamberg und im Fürstentum Coburg (1500–1800) (1967).
8. Vgl. u.a. G. *Wilbertz*, Standesehre und Handwerkskunst. Zur Berufsideologie des Scharfrichters, in: Arch.f.Kulturgeschichte 58 (1976) 154–177.

9. R. *Wissell*, Des Alten Handwerks Recht und Gewohnheit I (1976[2]); H. *Müller*, Die kleinbürgerliche Familie im 18. Jahrhundert. Verhalten und Gruppenkultur (1969); A. *Grießinger*, Das symbolische Kapital der Ehre. Streikbewegungen und kollektives Bewußtsein deutscher Handwerkergesellen im 18. Jahrhundert (1981).
10. Chr. *Fürbringer*, Metamorphosen der Ehre. Duell und Ehrenrettung im Jahrhundert des Bürgers, in: R. van Dülmen (Hg.), Armut, Liebe, Ehre. Studien zur historischen Kulturforschung (1988) 186–224; U. *Frevert*, Ehrenmänner. Das Duell in der bürgerlichen Gesellschaft (1991).
11. O. *Ulbricht* (Hg.), Von Huren und Rabenmüttern. Weibliche Kriminalität in der Frühen Neuzeit (1995).
12. *Mohrmann*, Volksleben in Wilster 238.
13. Vgl. *Kramer*, Hohnsprake 49–85; *Ders.*, Volksleben im Fürstentum Ansbach 297 ff.; *Lorenzen-Schmidt*, Beleidigungen.
14. Ebd.
15. Zit. nach *Kramer*, Grundriß einer rechtlichen Volkskunde 48 f.
16. Zit. nach *Kramer*, Hohnsprake 53.
17. *Lorenzen-Schmidt*, Beleidigungen; u.a.
18. *Kramer*, Volksleben im Hochstift Bamberg 236 ff.
19. Allgemein hierzu neuerdings S. *Alfing* – Chr. *Schendensack*, Frauenalltag im frühneuzeitlichen Münster (1994); S. *Burghartz*, Rechte Jungfrauen oder unverschämte Töchter? Zur weiblichen Ehre im 16. Jahrhundert, in: K. Hausen – H. Wunder (Hg.), Frauengeschichte – Geschlechtergeschichte (1992) 173–183. Vgl. auch B. *Schuster*, Die freien Frauen. Dirnen und Frauenhäuser im 15. und 16. Jahrhundert (1995) 298 ff.
20. E. *Labouvie*, Zauberei und Hexenwerk. Ländlicher Hexenglaube in der frühen Neuzeit (1991); R. *Walz*, Hexenglaube und magische Kommunikation im Dorf der Frühen Neuzeit. Die Verfolgungen in der Grafschaft Lippe (1993).
21. *Kramer*, Hohnsprake 59.
22. *Kramer*, Grundriß einer rechtlichen Volkskunde 48.
23. *Hartinger*, Rechtspflege und Volksleben 56.
24. *Kramer*, Hohnsprake 59.
25. Ebd.
26. *Mohrmann*, Volksleben in Wilster 224.
27. *Müller-Wirthmann*, Raufhändel; A. *Mönnich*, Konflikt und Alltag in der Hofmark Amerang, M.A. München 1982.

28. K.S. *Kramer*, Ländliches Leben im Amt Ratzeburg, in: Kieler Bl.z.Volkskunde 5 (1973) 56.
29. Vgl. u.a. G. *Schwerhoff*, Köln im Kreuzverhör. Kriminalität, Herrschaft und Gesellschaft in einer frühneuzeitlichen Stadt (1991) 312 ff.; Th. *Müller-Burgherr*, Die Ehrverletzung. Ein Beitrag zur Geschchte des Strafrechts der deutschen und rätoromanischen Schweiz von 1252–1798 (1987).
30. K.S. *Kramer*, Das Herausfordern aus dem Haus. Lebensbild eines Rechtsbrauch, in: Bayer.Jb.f.Volkskunde (1956) 121–138; H. *Heidrich*, Grenzübergänge. Das Haus und die Volkskultur in der frühen Neuzeit, in: R. van Dülmen (Hg.), Kultur der einfachen Leute 17–41.
31. *Kramer*, Das Herausfordern aus dem Haus 126.
32. Ebd. 122.
33. Ebd. 132.

UNEHRLICHE LEUTE I

1. R. *Wissell*, Des Alten Handwerks Recht und Gewohnheit I (^{2}1971) 184. Vgl. auch *van Dülmen*, Der infame Mensch.
2. Ebd.
3. H. *Proesler*, Das gesamtdeutsche Handwerk im Spiegel der Reichsgesetzgebung von 1530 bis 1806 (1954) 7*ff.
4. M. *Stürmer* (Hg.), Herbst des Alten Handwerks. Zur Sozialgeschichte des 18. Jahrhunderts (1979) 54 ff.
5. Ebd. 60.
6. Ebd. 67.
7. Th. *Hornberger*, Der Schäfer. Landes- und volkskundliche Bedeutung eines Berufsstandes in Süddeutschland (1955) 40.
8. C. *Wehn*, Der Kampf des Journal von und für Deutschland gegen den Aberglauben seiner Zeit. Eine volkskundliche Untersuchung auf geisteswissenschaftlicher Grundlage (1937) 89.
9. C.Fr. *Zelter*, Darstellung seines Lebens (1931) 55 f.
10. Zum Ehrverständnis des Handwerks: *Wissell*, Des Alten Handwerks Recht I, 145 ff.; R. *Stadelmann* – W. *Fischer*, Die Bildungswelt des deutschen Handwerkers um 1800. Studien zur Soziologie des Kleinbürgers im Zeitalter Goethes (1955) 67 ff.; *Möller*, Die kleinbürgerliche Familie 203 ff.; *Kramer*, Grundriß einer rechtlichen Volkskunde 46 ff.; A. *Grießinger*, Das symbolische Kapital der Ehre. Streikbewegungen und

kollektives Bewußtsein deutscher Handwerkergesellen im 18. Jahrhundert (1981).

11. *Wissell*, Des Alten Handwerks Recht I 159.
12. *Mohrmann*, Volksleben in Wilster 220.
13. *Wissell*, Des Alten Handwerks Recht I 163.
14. Zur Problematik der „Unehrlichkeit" vgl. O. *Beneke*, Von unehrlichen Leuten. Kulturkritische Studien und Geschichte aus vergangenen Tagen deutscher Gewerbe und Dienste (^{2}1889); Ch. *Meyer*, Die unehrlichen Leute in älterer Zeit (1894); Art. „Unehrlich" in: Handwörterbuch d. dt. Aberglaubens VIII (1936/7) 1398–1404; *Lutz*, Sitte und Infamie; G. *Fischer*, Die Einzelgänger. Struktur, Weltbild und Lebensformen asozialer Gruppen im Gefüge der alten Volksordnung, in: *Ders.*, Volk und Geschichte (1962) 237–262; K.S. *Kramer*, Ehrliche/unehrliche Gewerbe, in: Handwörterbuch z. dt. Rechtsgeschichte I (1971) 855–858; A. *Lutz*, Handwerksehre und Handwerksgericht im alten Zürich 1336–1798, in: Züricher Faschenbuch NE 82 (1962) 35–60; W. *Danckert*, Unehrliche Leute. Die verfemten Berufe (^{2}1979); *Nowosadtko*, Die Ehre, die Unehre und das Staatsinteresse; J. *Nowosadtko*, Scharfrichter und Abdecker. Der Alltag zweier „unehrlicher Berufe" in der Frühen Neuzeit (1994).
15. Vgl. u.a. H. *Arnold*, Die Zigeuner. Herkunft und Leben der Stämme im deutschen Sprachgebiet (1965); L. *Lucasser*, Zigeuner. Die Geschichte eines politischen Ordnungsbegriffes in Deutschland 1700–1945 (1996); T. *Fricke*, Zigeuner im Zeital-ter des Absolutismus. Bilanz einer einseitigen Überlieferung. Eine sozialgeschichtliche Untersuchung anhand südwestdeutscher Quellen (1996); – R. *Glanz*, Geschichte des niederen jüdischen Volkes in Deutschland. Eine Studie über historisches Gaunertum, Bettelwesen und Vagantentum (1968); – E. *Schubert*, Arme Leute, Bettler und Gauner im Franken des 18. Jahrhunderts (1983); J. *Irsigler* – A. *Lassotta*, Bettler und Gaukler, Dirnen und Henker. Außenseiter in einer mittelalterlichen Stadt (1984); B. U. *Hergemöller* (Hg.), Randgruppen der spätmittelalterlichen Gesellschaft (1994^2); B. *Roeck*, Außenseiter, Randgruppen, Minderheiten. Fremde im Deutschland der frühen Neuzeit (1993).
16. Grundlegend hierzu: *Nowosadtko*, Scharfrichter und Abdecker; *Dies.*, Die Ehre, die Unehre und das Staatsinteresse; G. *Wilbertz*, Scharfrichter und Abdecker im Hochstift Osnabrück. Untersuchungen zur Sozialgeschichte zweier ‚unehrlicher' Berufe im

nordwestdeutschen Raum vom 16. bis zum 19. Jahrhundert (1979).

17. *Danckert*, Unehrliche Leute 7;
18. In den an sich vorzüglichen Untersuchungen von J. Nowosadtko – vgl. u.a. auch *dies.*, Betrachtungen über den Erwerb von Unehre. Vom Widerspruch „moderner" und „traditionaler" Ehren- und Unehrenkonzepte in der frühneuzeitlichen Ständegesellschaft, in: L. *Vogt* – A. *Zingerle* (Hg.), Ehre. Archaische Momente in der Moderne (1994) 230–248 – spielen „magische" Kategorien rein/sauber – unrein/dreckig keine Rolle. Ich bezweifle, ob alle ständischen Gruppierungen vermischt zusammentreffen konnten. Auf den Straßen, in den Häusern, Kirchen und im Gasthaus gab es klare soziale Grenzen, die nicht allein aus Vermögensgründen erfolgten.
19. *Danckert*, Unehrliche Leute 214 ff.; C. *Küther*, Menschen auf der Straße. Vagierende Unterschichten in Bayern, Franken und Schwaben in der zweiten Hälfte des 18. Jahrhunderts (1983); *Schubert*, Arme Leute; *Ders.*, Mobilität ohne Chancen: Die Ausgrenzung des fahrenden Volkes, in: W. Schulze (Hg.), Ständische Gesellschaft und soziale Mobilität (1988) 193 ff.; U. *Dankert*, Räuberbanden im Alten Reich um 1700. Ein Beitrag zur Geschichte von Herrschaft und Kriminalität in der Frühen Neuzeit, 2 Bde. (1988); *Roeck*, Außenseiter 66 ff.
20. *Schubert*, Mobilität ohne Chance 125.
21. Vgl. u.a. Th. *Hampe*, Die fahrenden Leute in der deutschen Vergangenheit (1902); H. *Arnold*, Vaganten, Komödianten, Fieranten und Briganten. Untersuchungen zum Vagantenproblem an vagierenden Bevölkerungsgruppen vorwiegend der Pfalz (1958); H. *Bettenhäuser*, Räuber- und Gaunerbanden in Hessen. Ein Beitrag zum Versuch einer historischen Kriminologie Hessens, in: Zs.d.Vereins f. hess. Gesch. u. Landesk. 75/6 (1964) 275–348; Ch. *Sachße* – Fl. *Tennstedt* (Hg.), Bettler, Gauner und Proleten. Armut und Armenfürsorge in der deutschen Geschichte (1983); N. *Schindler*, Die Entstehung der Unbarmherzigkeit. Zur Kultur und Lebensweise der Salzburger Bettler am Ende des 17. Jahrhunderts, in: Ders., Widerspenstige Leute. Studien zur Volkskultur in der frühen Neuzeit (1992) 258 ff.
22. *Danckert*, Unehrliche Leute 228.
23. G. *Schubert-Fikentscher*, Zur Stellung der Komödianten im 17. und 18. Jahrhundert, Berlin 1963; Fr. von *Reden-Esbeck*,

Caroline Neuber und ihre Zeitgenossen. Ein Beitrag zur deutschen Kultur- und Theatergeschichte (1881); W. *Salmen*, Der Spielmann im Mittelalter (1983).
24. Vgl. *Schubert*, Mobilität ohne Chance 139 ff.
25. Ebd. 133.
26. K.S. *Kramer*, Volksleben im Fürstentum Ansbach und seinen Nachbargebieten (1500–1800) (1961) 130.
27. *Danckert*, Unehrliche Leute 99 ff.; *Wissell*, Des Alten Handwerks Recht I, 168 ff.; A. *Skalweit*, Das Dorfhandwerk vor Aufhebung des Städtezwangs (o.J.) 39 f.; G.M. *Bülow*, Leineweber – Handwerker zwischen Zunftanschluß, Verhetzerung und Armutsspott, in: Hergemöller (Hg.), Randgruppen 181–201.
28. *Wissell*, Des Alten Handwerks Recht I 154.
29. Ebd. 171.
30. Ebd. 408.
31. Ebd. 414 f.
32. Ebd. 168. Vgl. F. *Frensdorff*, Das Zunftrecht insbesondere Norddeutschlands, in: Hans.Geschichtsbl. 34 (1907) 36 f.
33. *Danckert*, Unehrliche Leute 174 ff.; *Wissell*, Des Alten Handwerks Recht I 172; Th. *Hornberger*, Der Schäfer. Landes- und volkskundliche Bedeutung eines Berufsstandes in Süddeutschland (1955); *Jacobeit*, Schafhaltung und Schäfer 124 ff.; *Schöller*, Der gemeine Hirte 151 ff.
34. B. *Schmidt* (Hg.), Frankfurter Zunfturkunden bis zum Jahre 1612 (1914) I, 351.
35. *Proesler*, Das gesamtdeutsche Handwerk 9*.
36. *Jacobeit*, Schafhaltung und Schäfer 127.
37. Ebd. 127.
38. Ebd. 130.
39. Ebd. 135.
40. Ebd. 147.
41. Ebd. 146.
42. Ebd. 147.
43. *Danckert*, Unehrliche Leute 64 ff.; A. *Martin*, Deutsches Badewesen in vergangenen Tagen (1906); S. *Stolz*, Die Handwerke des Körpers. Bader, Barbier, Perückenmacher, Friseur. Folge und Ausdruck historischen Körperverständnisses (1992); S. *Sander*, Handwerkschirurgen. Sozialgeschichte einer verdrängten Berufsgruppe (1989).
44. *Martin*, Badewesen 93.

45. R. *Jütte*, Bader, Barbiere und Hebammen. Heilkundige als Randgruppen?, in: Hergemöller (Hg.), Randgruppen 89–120, hier 98.
46. *Martin*, Badewesen 95.
47. *Beneke*, Von unehrlichen Leuten 13 ff.; *Danckert*, Unehrliche Leute 125 ff.; *Skalweit*, Das Dorfhandwerk 19 f.; A. *Pasing*, Müller. Ein Verarbeitungsgewerbe als Zielscheibe der Volkshäme, der Kundenkritik und Zunftpolitik, in: Hergemöller (Hg.), Randgruppen 202–219.
48. *Beneke*, Von unehrlichen Leuten 17; vgl. auch K.S. *Kramer*, Altmünchener Handwerk. Bräuche, Lebensformen, Wanderwege, in: Bay.Jb.f.Volkskunde (1958) 111–137, hier 133.
49. *Wissell*, Des Alten Handwerks Recht I 200 f. Vgl. auch A. *Giese*, „Der Weeschreiende Stein oder ausführliche Bericht von dem Greuel, daß man die Diener der Justiz nicht zu Grabe tragen, auch etlicher Frauen in Kindesnöthen niemand helfen wollen“ (1687). Dazu *Beneke*, Von unehrlichen Leuten 261 ff.

Unehrliche Leute II

1. Vgl. v.a. die Untersuchungen von *Wilbertz*, Scharfrichter und Abdecker; *Nowosadtko*, Scharfrichter und Abdecker.
2. Abd. in: *Stürmer* (Hg.), Herbst des Alten Handwerks 209. Vgl. auch das kurbayer. Mandat über die „Rehabilitierung der Eisen- und anderer Schergen, ihrer Kinder und Knechte“ vom 24. März 1791 in: Sammlung der Kurpfalz-Baierischen allgemeinen und besonderen Landes-Verordnungen II (1784 f.) 862 f.
3. Vgl. u.a. A. *Keller*, Der Scharfrichter in der deutschen Kulturgeschichte (1921); J. *Gernhuber*, Strafvollzug und Unehrlichkeit, in: Zs.f.Rechtsgeschichte GA 74 (1957) 119–177; H. *Schuhmann*, Der Scharfrichter. Seine Gestalt – seine Funktion (1964); W. *Oppelt*, Über die „Unehrlichkeit“ des Scharfrichters (1976); *Wilbertz*, Scharfrichter und Abdecker; *Nowosadtko*, Scharfrichter und Abdecker; K. *Stuart*, Des Scharfrichters heilende Hand – Medizin und Ehre in der Frühen Neuzeit, in: S. Backmann u.a. (Hg.), Ehrkonzepte in der Frühen Neuzeit (1998) 316–347.
4. B. *Schmidt* (Hg.), Frankfurter Zunfturkunden bis zum Jahre 1612, II 367.

5. *Zacke*, Ehre, Ehrenstrafen, unehrliche Leute im Mittelalter bis zur neueren Zeit mit Beziehung auf Sachsen und Magdeburg, in: Gsch. Bl. f. Stadt u. Land Magdeburg 17 (1882) 348.
6. G.E. *Friess*, Unehrliche Leute in Österreich, in: Bl.d.Vereins f.Landeskunde in Niederösterreich NE 29 (1895) 91–129, hier 94 ff.
7. *Keller*, Scharfrichter.
8. *Beneke*, Von unehrlichen Leuten 354 f.
9. *Kramer*, Volksleben im Fürstentum Ansbach 142.
10. *Wilbertz*, Scharfrichter und Abdecker.
11. K. *Stuart*, Unehrlichkeitskonflikte in Augsburg in der frühen Neuzeit, in: Zs.d.hist.Vereins f. Schwaben 83 (1990) 116 f.
12. *Wissell*, Des Alten Handwerks Recht I, 199.
13. Ebd. 200.
14. Ebd. 189.
15. Ebd. 190.
16. Ebd.
17. *Seuffer*, Zum Kapitel der unehrlichen Leute, in: Württ. Vierteljb. f. Landesgesch. 7 (1885) 108.
18. *Wissell*, Des Alten Handwerks Recht I, 197.
19. Vgl. R. *van Dülmen*, Theater des Schreckens. Gerichtspraxis und Strafrituale in der Frühen Neuzeit (1985) 98 ff.
20. *Kramer*, Volksleben im Hochstift Bamberg 245 f.
21. *Wissell*, Des Alten Handwerks Recht I, 196.
22. *Wilbertz*, Standesehre und Handwerkskunst.
23. *Wilbertz*, Scharfrichter und Abdecker 333.
24. Vgl. v.a. *Nowosadtko*, Scharfrichter und Abdecker 310 ff.
25. E.W. *Stahl*, Das deutsche Handwerk (1874) 153f.
26. *Stürmer* (Hg.), Herbst des Alten Handwerks 60.
27. Zum Abdecker vgl. F.E. *Schulz*, Die Entwicklung der Abdeckerei in Deutschland (1910); L. *Greve*, Das Abdeckerwesen im Herzogtum Oldenburg (1912); W.H. *Ruoff*, Vom Scharfrichter und Wasenmeister im alten Zürich, in: Arch. f. Volksk. (1935) 26 f.; *Danckert*, Unehrliche Leute 167 ff.; *Wissell*, Des Alten Handwerks Recht I, 205 ff.; *Wilbertz*, Scharfrichter und Abdecker; *Nowosadtko*, Scharfrichter und Abdecker.
28. *Stürmer* (Hg.), Herbst des Alten Handwerks 61.
29. *Proesler*, Das gesamtdeutsche Handwerk 78*.
30. *Stuart*, Unehrlichkeitskonflikte in Augsburg 124 f.
31. *Wissell*, Des Alten Handwerks Recht I 208.
32. *Kramer*, Volksleben im Fürstentum Ansbach 143.

33. *Wissell*, Des Alten Handwerks Recht I, 209.
34. *Zacke*, Ehre 354.
35. *Stürmer* (Hg.), Herbst des Alten Handwerks 67.
36. Hierzu vgl. *Wissell*, Des Alten Handwerks Recht I, 215 ff.; P. *Frauenstädt*, Aus der Geschichte der Zünfte, in: Zs. f. Socialwiss. 5 (1902) 847–860, 939–952; K.S. *Kramer*, Alles um einen Hund. Fast eine Moritat aus Ammerndorf, in: Schönere Heimat 48 (1959) 10–12; *Kramer*, Altmünchner Handwerk 111–157.
37. *Frauenstädt*, Aus der Geschichte der Zünfte 848.
38. Ebd. 849.
39. *Nowosadtko*, Scharfrichter und Abdecker 298.
40. *Frauenstädt*, Aus der Geschichte der Zünfte 869.
41. Vgl. S. 85 ff.
42. Vgl. *van Dülmen*, Der infame Mensch 272 ff.
43. *Danckert*, Unehrliche Leute 14.
44. Vgl. u.a *Schuhmann*, Der Scharfrichter 168 ff.; *Keller*, Der Scharfrichter 135 ff.
45. K.F. *Meinhardt*, Das peinliche Strafrecht der freien Reichsstadt Frankfurt am Main im Spiegel der Strafpraxis des 16. und 17. Jahrhunderts (1957) 53.
46. Ebd. Hierzu auch *Nowosadtko*, Scharfrichter und Abdecker 317 ff.

EHRVERLUST DURCH SCHANDSTRAFEN

1. Vgl. allgemein: R. *Quanter*, Die Schand- und Ehrenstrafen in der deutschen Rechtspflege. Eine kriminalistische Studie (1901); H. *von Hentig*, Die Strafe I. Frühformen und kulturgeschichtliche Zusammenhänge (1954); Ch. *Hinckeldey* (Hg.), Strafjustiz in alter Zeit (1980); W. *Schild*, Alte Gerichtsbarkeit. Vom Gottesurteil bis zum Beginn der modernen Rechtsprechung (1985^2); R. *van Dülmen*, Theater des Schreckens. Gerichtspraxis und Strafrituale in der frühen Neuzeit (1995^4).
2. W. *Thümmel*, Die Versagung der kirchlichen Bestattungsfeier, ihre geschichtliche Entwicklung und gegenwärtige Bedeutung (1902); M. *Bunzel*, Die geschichtliche Entwicklung des evangelischen Begräbniswesens in Schlesien während des 16., 17. und 18. Jahrhunderts (1981); C. *Koslofsky*, Die Trennung der Lebenden von den Toten. Friedhofsverlegungen und die Re-

formation in Leipzig 1536, in: O.G. Oexle (Hg.), Memoria als Kultur (1995) 335–385.

3. Zur Folter: R. *Quanter*, Die Folter in der deutschen Rechtspflege sonst und jetzt (1900); F. *Helbing* – M. *Bauer*, Die Tortur. Geschichte der Folter im Kriminalverfahren aller Zeiten und Völker (1926); *Schild*, Alte Gerichtsbarkeit 158 ff.
4. C. *Moser-Nef*, Die Freie Reichsstadt und Republik Sankt Gallen, Bd. V/1 Geschichte ihres Strafrechts (1951) 61.
5. Nun grundlegend: G. *Schwerhoff*, Verordnete Schande? Spätmittelalterliche und frühneuzeitliche Ehrenstrafen zwischen Rechtsakt und sozialer Sanktion, in: Blauert-Schwerhoff (Hg.), Mit den Waffen der Justiz 158–188, 236–240.
6. M. *Frank*, Dörfliche Gesellschaft und Kriminalität. Die Fallbeispiele Lippe 1650–1800 (1995) 198.
7. Ebd.
8. *Schwerhoff*, Köln im Kreuzverhör 138 ff.; *Frank*, Dörfliche Gesellschaft und Kriminalität 192 ff.; K. *Kühne*, Das Kriminal-verfahren und der Strafvollzug in der Stadt Konstanz im 18. Jahrhundert (1979) 128 ff.; K.-F. *Meinhardt*, Das peinliche Strafrecht der freien Reichsstadt Frankfurt am Main im Spiegel der Strafpraxis des 16. und 17. Jahrhunderts (1957) 146 ff.
9. Vgl. R. *His*, Das Strafrecht des deutschen Mittelalters T.1. Die Verbrechen und ihre Folgen im allgemeinen (1920) 569 ff.; G. *Schindler*, Verbrechen und Strafen im Recht der Stadt Freiburg i.Br. 1520–1806 (1937); *Moser-Nef*, Die freie Reichsstadt und Republik Sankt Gallen V/1, 860 ff.
10. Vgl. auch *Kramer*, Grundriß einer rechtlichen Volkskunde 70 ff.; M. *Scharfe*, Zum Rügebrauch, in: Hess.Bll.f.Volksk. 61 (1970) 45 ff.; H. *Ettenhuber*, Charivari in Bayern. Das Miesbacher Haberfeldtreiben von 1893, in: van Dülmen (Hg.), Kultur der einfachen Leute 180 ff.; E.P. *Thompson*, „Rough Music“ oder englische Katzenmusik, in: Ders., Plebeische Kultur und moralische Ökonomie. Aufsätze zur englischen Sozialgeschichte des 18. und 19. Jahrhunderts (1980).
11. N.Z. *Davis*, Charivari, Honor and Community in Seventeenth Century Lyon and Geneva, in: J. MacAloon (Hg.), Rite, Drama, Festival, Spectacle (1984) 42–57.
12. Vgl. Beispiele in: *Mosef-Nef*, Die freie Reichsstadt und Republik Sankt Gallen V/1, 54 ff.

13. Vgl. N. *Bulst* – R. *Jütte* (Hg.), Zwischen Sein und Schein. Kleidung und Identität in der ständischen Gesellschaft = Saeculum 44 (1993).
14. Ch. *Hinkeldey* (Hg.), Strafjustiz in alter Zeit (1980); *Schild*, Alte Gerichtsbarkeit 208 ff., 212 ff.
15. D. *Kluge*, Die ‚Kirchenbuße' als staatliches Zuchtmittel im 15.–18. Jahrhundert, in: Jb. f. West. Kirchengesch. 70 (1977); M. *Muster*, Das Ende der Kirchenbuße, in: Zs.TG KA 74 (1988) 564–573.
16. O. *Ulbricht*, Kindsmord und Aufklärung in Deutschland (1990).
17. Vgl. Handwörterbuch z. dt. Rechtsgeschichte IV, 1950 f. (Artikel: Stein tragen).
18. *Quanter*, Die Schand- und Ehrenstrafen 127.
19. Vgl. u.a. G. *Schwerhoff*, Köln im Kreuzverhör. Kriminalität, Herrschaft und Gesellschaft in einer frühneuzeitlichen Stadt (1991) 148 ff.
20. *Quanter*, Die Schand- und Ehrenstrafen 170 f.
21. Vgl. Anm. 19.
22. Vgl. u.a. H. *Linderkamp*, Niedergerichtliche Strafformen und ihre Anwendung nach Quellen der Rechtspraxis (1995).
23. E. *Reicke*, Geschichte der Reichsstadt Nürnberg (1896) 755 ff.; R. *Kahsnitz* (Hg.), Veit Stoß: die Vorträge des Nürnberger Symposiums (1985); *Schwerhoff*, Verordnete Schande? 180.
24. *Quanter*, Die Schand- und Ehrenstrafen 127; K.H.S. *Bader* – G. *Bader-Weiss*, Der Pranger. Ein Strafwerkzeug und Rechts-Wahrzeichen des Mittelalters (1935); G.A. *Lüning*, Schandlaken, Schandmantel, Schandkleid, in: Zs. f. Rechtsgesch. GA 64 (1944); A. *Preu*, Pranger und Halseisen (1949); *Schild*, Alte Gerichtsbarkeit 212 ff.; *van Dülmen*, Theater des Schreckens 62 ff.

Ruchlosigkeit des Selbstmörders

1. N. *Kyll*, Tod, Grab, Begräbnisplatz, Totenfeier (1977). Ph. *Ariès*, Geschichte des Todes (1980); R. *Winau* – H.P. *Rosemeier* (Hg.), „Tod und Sterben" (1984); R. *van Dülmen*, Kultur und Alltag in der Frühen Neuzeit I: Das Haus und seine Menschen (1995[2]) 215 ff; M. *Illi*, Wohin die Toten gingen. Begräbnis und Kirchhof in der vorindustriellen Stadt (1992).

2. *Schild*, Alte Gerichtsbarkeit; *van Dülmen*, Theater des Schreckens.
3. Allgemein vgl. J. *Dieselhorst*, Die Bestrafung der Selbstmörder im Territorium der Reichsstadt Nürnberg, in: Mitt.d.Vereins f. Gesch.der Stadt Nürnberg 44 (1953) 58–230; P. *Geiger*, Die Behandlung der Selbstmörder im deutschen Recht, in: Schweiz. Arch. f. Volkskunde 26 (1926) 145–170; E. *Szittya*, Selbstmörder. Ein Beitrag zur Kulturgeschichte aller Zeiten und Völker (1925); G. *Minois*, Geschichte des Selbstmords (1996); M. *Schär*, Seelennöte der Untertanen. Selbstmord, Melancholie und Religion im Alten Zürich 1500–1800 (1985); J. *Wilhelm-Schaffer*, Einstellungen zum Tod im Spätmittelalter und Früher Neuzeit. Kontinuität und Wandel einer religiösen Mentalität., Diss. (1998), 351–382. G. *Signori* (Hg.), Trauer, Verzweiflung und Anfechtung. Selbstmord und Selbstmordversuche in mittelalterlichen und frühneuzeitlichen Gesellschaften (1994).
4. *Dieselhorst*, Die Bestrafung des Selbstmörders 77.
5. Beispiele in: V. *Lind*, Aus der Rolle gefallen. Männliche Emotionen mit (fast) tödlichem Ausgang, in: E. Chvojka, R. van Dülmen, V. Jung (Hg.), Neue Blicke. Historische Anthropologie in der Praxis (1997) 183–198.
6. *Dieselhorst*, Die Bestrafung des Selbstmörders 96.
7. Ebd. 120 f.
8. Fr.-H. *Karrass*, Die rechtliche Behandlung des Selbstmörders in der Zentverfassung des Hochstifts Würzburg (1454–1806), Diss.Würzburg 1971; *Dieselhorst*, Die Bestrafung des Selbstmörders 139 f.; M. *Lindemann*, Armen- und Eselsbegräbnis in der europäischen Frühneuzeit, eine Methode sozialer Kontrolle, in: P.R. Blum (Hg.), Studien zur Thematik des Todes im 16. Jahrhundert (1983) 125–139.
9. *Schär*, Seelennöte 61.
10. *Dieselhorst*, Die Bestrafung des Selbstmörders 214.
11. Vgl. *Signori* (Hg.), Trauer.
12. M. *Frank*, Ehre und Gewalt im Dorf der frühen Neuzeit, in: Schreiner-Schwerhoff (Hg.), Verletzte Ehre 329 f.
13. M. *Frank*, Die fehlende Geduld Hiobs. Suizid und Gesellschaft in der Grafschaft Lippe (1600–1800), in: Signori (Hg.), Trauer 152–188, hier 176 ff.
14. *Frank*, Die fehlende Geduld Hiobs 180. Vgl. auch D. *Lederer*, Aufruhr auf dem Friedhof. Pfarrer, Gemeinde und Selbstmord im frühneuzeitlichen Bayern, in: Signori (Hg.), Trauer 189–209.

15. *Dieselhorst*, Die Bestrafung des Selbstmörders 165 f.
16. H. *Rost*, Bibliographie des Selbstmordes (1927); I. *Engel*, Werther und die Werthianer. Ein Beitrag zur Wirkungsgeschichte (1986).
17. Joh.W. *Goethe*, Die Leiden des jungen Werther (Münchner Ausgabe 1/2) (1987) 299.

LITERATURVERZEICHNIS

ALFING, S. – CHR. SCHADENSACK, Frauenalltag im frühneuzeitlichen Münster, Bielefeld 1994

BACHMANN, S., H.J. KÜNAST, S. ULLMANN, BA. TLUSTY (Hg.), Ehrkonzepte in der Frühen Neuzeit. Identitäten und Abgrenzungen, Berlin 1998.

BENEKE, O., Von unehrlichen Leuten. Kulturhistorische Studien und Geschichten aus vergangenen Tagen deutscher Gewerbe und Dienste, 1889[2]

BLAUERT, A. – G. SCHWERHOFF (Hg.), Mit den Waffen der Justiz. Zur Kriminalitätsgeschichte des späten Mittelalters und der Frühen Neuzeit, Frankfurt a.M. 1993

BOURDIEU, P., Entwurf einer Theorie der Praxis auf der ethnologischen Grundlage der kabylischen Gesellschaft, Frankfurt a.M. 1979

DANCKERT, W., Unehrliche Leute. Die verfemten Berufe, Bern 1979[2]

DANKER, U., Räuberbanden im Alten Reich um 1700. Ein Beitrag zur Geschichte von Herrschaft und Kriminalität in der frühen Neuzeit, 2 Bde., Frankfurt a.M. 1988

DIESELHORST, J., Die Bestrafung der Selbstmörder im Territorium der Reichsstadt Nürnberg, in: Mitt. d. Vereins f. Gesch. der Stadt Nürnberg 44 (1953) 58–230

DINGES, M., Die Ehre als Thema der Stadtgeschichte. Eine Semantik am Übergang vom Ancien Régime zur Moderne, in: Zs.f.historischen Forschung 16 (1989) 409–440.

VAN DÜLMEN, R. (Hg.), Kultur der einfachen Leute. Bayerisches Volksleben vom 16. bis zum 19. Jahrhundert, München 1983

Ders., Der infame Mensch. Unehrliche Arbeit und soziale Ausgrenzung in der Frühen Neuzeit, in: Ders. (Hg.), Arbeit, Frömmigkeit und Eigensinn. Studien zur historischen Kulturforschung II, Frankfurt a.M. 1990, 106–140

Ders., Kultur und Alltag in der Frühen Neuzeit. Bd. II: Dorf und Stadt, München 1992

Ders., Gesellschaft der Frühen Neuzeit. Kulturelles Handeln und sozialer Prozeß. Beiträge zur historischen Kulturforschung, Wien–Köln–Weimar 1993

FRANK, M., Dörfliche Gesellschaft und Kriminalität. Das Fallbeispiel Lippe 1650–1800, Paderborn 1995

FREVERT, U., Ehrenmänner. Das Duell in der bürgerlichen Gesellschaft, München 1991

FÜRBRINGER, CHR., Metamorphosen der Ehre. Duell und Ehrenrettung im Jahrhundert des Bürgers, in: R.van Dülmen (Hg.), Armut, Liebe, Ehre. Studien zur historischen Kulturforschung, Frankfurt a.M. 1988, 186–224

GRIESSINGER, A., Das symbolische Kapital der Ehre. Streikbewegungen und kollektives Bewußtsein deutscher Handwerksgesellen im 18. Jahrhundert, Frankfurt–Berlin–Wien 1981

HARTINGER, W., Rechtspflege und Volksleben. Zur Funktion des Rechts im absolutistischen Bayern, in: K. Köstlin – K.D. Sievers (Hg.), Das Recht der kleinen Leute. Beiträge zur Rechtlichen Volkskunde, Berlin 1976, 50–68

HAUSEN, K. – H. WUNDER (Hg.), Frauengeschichte – Geschlechtergeschichte, Frankfurt–New York 1992

HERGEMÖLLER, B.U. (Hg.), Randgruppen der spätmittelalterlichen Gesellschaft. Ein Hand- und Studienbuch, Warendorf 1994[2]

HINCKELDEY, CH. (Hg.), Strafjustiz in alter Zeit, Rothenburg o.d.T. 1980

IRSIGLER I. – A. LASSOTTA, Bettler und Gauner, Dirnen und Henker. Außenseiter in einer mittelalterlichen Stadt, 1984

JACOBEIT, W., Schafhaltung und Schäfer in Zentraleuropa bis zum Beginn des 20. Jahrhunderts, 1987[2]

KOSLOFSKY, C., Von der Schande zur Ehre. Nächtliche Begräbnisse im lutherischen Deutschland (1650–1700), in: Hist. Anthro-pologie V (1997) 350–369

KRÄMER, K.S., Das Herausfordern aus dem Haus. Lebensbild eines Rechtsbrauchs, in: Bayer.Jb.f.Volksk. (1956) 121–138

Ders., Volksleben im Hochstift Bamberg und im Fürstentum Coburg (1500–1800). Eine Volkskunde auf Grund archivalischer Quellen, Würzburg 1967

Ders., Ländliches Leben im Amt Ratzeburg, in: Kieler Bl. zur Volkskunde V (1973) 1–92

Ders., Grundriß einer rechtlichen Volkskunde, Göttingen 1974

Ders., Hohnsprake, Wrakworte, Nachschnack und Ungebühr. Ehrenhändel in holsteinischen Quellen, in: Kieler Bl. f. Volkskunde XVI (1984) 49–85
LORENZEN-SCHMIDT, K., Beleidigungen in schleswig-holsteinischen Städten im 16. Jahrhundert. Soziale Norm und soziale Kon-trolle in Städtegesellschaften, in: Kieler Bl. f. Volkskunde X (1970) 5–28
LUTZ, A., Handwerksehre und Handwerksgericht im alten Zürich 1336–1798, in: Züricher Taschenbuch NF 82 (1962) 35–60
LUTZ, G., Sitte und Infamie. Untersuchungen zur rechtlichen Volkskunde am Phänomen des Verrufs, Diss. masch. Würzburg 1954
MINKMAR, N., Ausgegossene Worte. Stadtbürgerlicher Ehrbegriff, Ehrenkonflikte und Habitus im Colmar des 16. Jahrhunderts in historisch-anthropologischer Perspektive, Diss. MS Saarbrücken 1996
MINOIS, G., Geschichte des Selbstmords, Düsseldorf–Zürich 1996
MÖLLER, W., Die kleinbürgerliche Familie im 18. Jahrhundert. Verhalten und Gruppenkultur, Berlin 1969
MOHRMANN, R.-E., Volksleben in Wilster im 16. und 17. Jahrhundert, Neumünster 1977
NOWOSADTKO, J., Die Ehre, die Unehre und das Staatsinteresse. Konzepte und Funktionen von „Unehrlichkeit" im historischen Wandel am Beispiel des Kurfürstentums Bayern, in: GWU 44 (1993) 362–381
Dies., Scharfrichter und Abdecker. Der Alltag zweier „unehrlicher Berufe" in der Frühen Neuzeit, Paderborn u.a. 1994
QUANTER, RUDOLF, Die Schand- und Ehrenstrafen in der deutschen Rechtspflege. Eine kriminalistische Studie (1901), ND Aalen 1970
SCHNYDER-BURGHARTZ, A., Alltag und Lebensformen auf der Basler Landschaft um 1700. Vorindustrielle, ländliche Kultur und Gesellschaft aus mikrohistorischer Perspektive. Bretzwil und das obere Waldenburger Amt von 1690 bis 1750, Liestal 1992
SCHINDLER, N., Widerspenstige Leute. Studien zur Volkskultur in der frühen Neuzeit, Frankfurt a.M. 1992
SCHREINER, KL. – SCHWERHOFF G. (Hg.), Verletzte Ehre. Ehrkonflikte in Gesellschaften des Mittelalters und der Frühen Neuzeit, Köln–Weimar–Wien 1995
SCHWERHOFF, G., Köln im Kreuzverhör. Kriminalität, Herrschaft und Gesellschaft in einer frühneuzeitlichen Stadt, Bonn–Berlin 1991

SCHUBERT, E., Arme Leute. Bettler und Gauner im Franken des 18. Jahrhunderts, Neustadt a.d.A. 1983

Ders., Mobilität ohne Chance: Die Ausgrenzung des fahrenden Volkes, in: W. Schulze (Hg.), Ständische Gesllschaft und soziale Mobilität, München 1988, 113 ff.

SIGNORI, G. (Hg.), Trauer, Verzweiflung und Anfechtung. Selbstmord und Selbstmordversuche in mittelalterlichen und frühneuzeitlichen Gesellschaften, Tübingen 1994

STOLZ, S., Die Handwerke des Körpers. Bader, Barbier, Perückenmacher, Friseur. Folge und Ausdruck historischen Körperverständnisses, Marburg 1992

STUART, K. E., Unehrlichkeitskonflikte in Augsburg in der frühen Neuzeit, in: Zs d. hist. Vereins für Schwaben (1990) 113–129

ULBRICHT, O. (Hg.), Von Huren und Rabenmüttern. Weibliche Kriminalität in der Frühen Neuzeit, Köln–Weimar–Wien 1995

VOGT, L. - ZINGERLE, A. (Hg.), Ehre. Archaische Momente in der Moderne, Frankfurt a.M. 1994

WALZ, R., Hexenglaube und magische Kommunikation im Dorf der Frühen Neuzeit. Die Verfolgungen in der Grafschaft Lippe, Paderborn 1993

WILBERTZ, G., Standesehre und Handwerkskunst. Zur Berufsideologie des Scharfrichters, in: Arch.f.Kulturgeschichte 58 (1976) 154–177

Dies., Scharfrichter und Abdecker im Hochstift Osnabrück. Untersuchungen zur Sozialgeschichte zweier „unehrlicher" Berufe im nordwestdeutschen Raum vom 16. bis zum 19. Jahrhundert, Osnabrück 1979

WISSELL, R., Des Alten Handwerks Recht und Gewohnheit I, Berlin 1971[2]